一行禪師

# 石童

## 愛與慈悲的十篇故事

一行禪師 Thich Nhat Hanh 著

葉琦玲——譯

# THE STONE BOY AND OTHER STORIES

# 目次

CONTENTS

# 古樹

在森林高地的深處，矗立著一棵參天大樹。沒有人知道它活了幾萬年。它的樹幹有十八個人的臂展那麼粗壯，巨大的樹根從地底伸出地面，蔓延方圓五十公尺。它的樹皮像石頭般堅硬，如果用指甲觸壓，肯定會傷到手指。在它的樹枝上有數以萬計的鳥巢，棲息著數十萬隻大大小小的鳥兒。樹蔭下的土地異常涼爽。

清晨，太陽升起，第一道曙光猶如指揮家手中的棒子，拉開一首盛大交響樂的序幕，鳥鳴聲宛似優秀的管弦樂團般莊嚴。森林裡的所有生物，無論兩隻腳或四隻腳，都緩慢並敬畏地站起來。

在這棵大樹上有一個洞，宛如邊和市的葡萄柚那麼大，離地面約有十二公尺高。樹洞裡有一顆小小的棕色鳥蛋，沒有人知道那顆蛋是鳥帶到那裡，還是由森林的聖潔空氣和大樹的生命能量形成。

三十年過去了，鳥蛋仍然原封不動。在某些夜晚，森林裡的鳥兒會被樹洞中射出的耀眼光芒驚醒，光芒照亮森林的一個角落。有一天晚上，在皎潔的滿月和璀璨的星空下，鳥蛋終於裂開了，一隻奇怪的小鳥誕生。

小鳥在寒冷的夜裡發出一聲微弱的啼叫，然後叫了一整夜，直到太陽出現，叫聲既不悲傷也非無畏，而是陌生並且驚奇。它一直叫到第一道曙光出現，開始了清晨的交響樂，成千上萬的鳥叫聲此起彼落地響徹林間。從那一刻起，這隻鳥再也不叫了。

鳥兒長得很快。眾多的鳥媽媽常常叼來大量的堅果和穀物到樹洞裡，很快洞口就變得太小，小鳥不得不另尋一個更大的家。牠自己學會如何飛翔，並收集樹枝和稻草來建造新巢。雖然鳥蛋是棕色，但鳥兒卻像雪一樣潔白。牠擁有寬大的翅膀，總是緩慢安靜地飛翔，常常飛向遙遠的地方，那裡的白色瀑布日夜奔騰，宛若天地之間的磅礴氣息。有時候，牠好幾天沒有回來。當牠返回時，會在鳥巢裡棲息一天一夜，若有所思，靜靜地待在那裡。牠的兩隻明亮眼睛總是帶著驚奇。

在古老的大老山林中，一間隱士的茅屋矗立在山坡上。一位和尚在那裡住了將近五十年。這隻鳥時常飛過大老山林，偶爾會看見和尚端著水壺，緩緩走在通往山泉的小路上。有一天，鳥兒看見兩位和尚一起走在從山泉到茅屋的小路上。那天晚上，牠躲在樹枝中窺伺，茅屋裡火光閃爍，兩位和尚談了一整夜。

這隻鳥在古老的森林高空翱翔，有時好幾天都沒有著陸。下面有一棵大樹，森林中的萬物被草叢、灌木和樹木所掩蓋。自從那天無意中聽到兩位和尚的對話，這隻鳥變得更加困惑。我從哪裡來，要到哪裡去？巨樹將會屹立多少萬年？

鳥兒聽到兩位和尚談到時間。時間是什麼？時間為何將我們帶到這裡？又為何將我們帶走？鳥兒吃的堅果具有獨特的美味性質，我怎樣才能找出時間的本質？這隻鳥想撿起一小塊時間，與它一起在鳥巢裡靜靜地棲息幾天，以細察它的本性。即使需要花幾個月或幾年的時間來觀察，這隻鳥也願意。

在古老森林的高處，鳥兒感覺自己就像一個在虛無中飄蕩的圓氣球。牠覺得自己的本性像氣球一樣空，空是牠存在的基礎，也是牠痛苦的原因。如果我能找到時間，那隻鳥想，我一定能找到自己。

經過許多日夜的飛翔和思考，這隻鳥悄悄地返回鳥巢。牠從大老山林帶來一小塊泥土。牠若有所思，拿起那塊泥土仔細端詳。大老山林的和尚曾對朋友說：「時間靜止在永恆中，愛與你愛的人是一體的。每根草，每片土地，每片葉子，都與那個愛是一體的。」

但是這隻鳥找不到時間。從大老山林的土塊看不出什麼東西。也許和尚是在撒謊。時間就在愛裡，但愛在哪裡？鳥兒想起了西北森林裡那些奔騰不息的瀑布。牠記得從早到晚聆聽瀑布聲的日子，甚至想像自己像瀑布一樣翻滾，在水面上與晶瑩的浪花一起玩耍，並撫摸著下面的鵝卵石和岩石。鳥兒覺得自身就是瀑布，源源不斷的水從瀑布中落下。

一天中午，這隻鳥飛過大老山林時，發現隱士的茅屋已經不在了。整片森林都被燒毀，茅屋矗立的地方只剩一堆灰燼。鳥兒驚慌失措，飛來飛去尋找。和尚已經不在森林裡，他去哪兒了？到處是動物屍體和鳥的屍體。大火吞噬了和尚嗎？鳥兒不知所措。時間，你到底是什麼？你為什麼把我們帶到這裡？又為什麼要帶我們走？和尚曾經說：「時間靜止在永恆中。」如果如此，也許那個愛已經使和尚回歸本體。

這隻鳥快速飛回古老的森林，聽到無數小鳥的慘叫聲，以及樹皮爆裂的聲音，表明了這座古老的森林正在熊熊燃燒。鳥兒加快速度飛行。火光漫天，蔓延到那棵大樹附近。數十萬隻小鳥驚恐地尖叫。大火逼近大樹時，這隻鳥狂亂地拍打翅膀，想把火撲滅，但火燒得更猛了。這隻鳥飛奔到山泉前，將翅膀浸入水中，然後迅速飛回去，從森林上空灑水，水滴馬上變成蒸氣。然而，這根本不夠。這隻鳥將整個身體泡在水裡，可惜仍不足以撲滅火焰。

成千上萬的小鳥成群啼叫，尚未長出羽毛飛行的幼鳥發出尖銳刺耳的叫聲。接著，火焰開始燒著了大樹。為什麼沒有下雨？在西北森林裡總是下個不停的雨，為何在這裡沒有像瀑布一樣傾盆而瀉？這隻鳥發出一聲淒厲而且悲壯的叫聲，頓時轉化成瀑布奔流的聲音。在那一刻，鳥兒感受到存在的充實感。寂寞和空虛消失了，取而代之的是和尚的形象，山峰背後的太陽形象，千古奔流不息的流水形象。鳥叫聲變成了奔騰的瀑布，鳥兒毫無畏懼，如同一道磅礴的瀑布，縱身躍入森林大火中。

翌日早上非常平靜，陽光明媚，沒有交響樂，沒有成千上萬的鳥叫聲。一部分的山林已經完全燒毀，大樹仍然屹立，但一半以上的樹枝都被燒焦。到處散落著大鳥小鳥的屍體。森林一片寂靜。

還活著的鳥互相呼喚，聲音中流露出困惑。為何晴朗的天空突然下大雨，撲滅了大火，這是何等恩典？牠們記得看到那隻大白鳥，奮力振翅抖水。牠們找遍整個森林，都沒有找到那隻白鳥。也許牠已經飛走，住在不同的森林裡。也許牠已經被火燒死了。大樹渾身焦黑、傷痕累累，沒有說話。鳥兒們把頭轉向天空，然後開始在大樹殘存的樹枝上，築起新的鳥巢。古樹是不是想念由聖山之氣以及它的四千年生命能量蘊育的孩子？親愛的鳥兒，你去了哪裡？和尚說：時間已經使鳥兒回歸有情的懷中，那是萬物的源頭。

# 故事背景介紹

本書的十篇故事是用越南文撰寫，並分開出版，隨後由下述人士與作者合作翻譯成英文。以下是每篇故事的背景說明。

本篇故事乃是為紀念一枝梅（Nhat Chi Mai）而撰寫。她是一行禪師的弟子，於一九六七年五月十六日為了呼籲和平而自焚。關於一枝梅的更多資料，請參見真空法師著作《真愛的功課》（Parallax Press，1993 年）。本文由 Mobi Warren 翻譯成英文。

# 巨松

法雲寺的沙彌心體請大洪鐘一百零七下後，將木槌倒轉，用槌柄輕扣大鐘兩下，提醒沙彌心賢只剩一下鐘聲，隨即早課便開始了。心體等到第一百零七次鐘聲的餘音消失，才請第一百零八下。

心體聽到心賢在禪堂一角敲板，於是請大洪鐘三次來回應頭三下板聲，接著放下木槌。心賢敲的三回板聲仍在繼續，僧眾已聚集在大殿準備做早課。

心體將棕葉編織的簑衣披在肩上，他從鐘樓走了下來，在濃濃的晨霧中快步朝三關走去，一位客僧正在那裡歇息。這位客僧在前一天下午到達，心體請他進寺到寮房休息，但他拒絕了，只要求給他一張草蓆，讓他睡在三關外，並說翌日清早待霜霧散去，就得上路。他的棕色僧袍已經磨損褪色，上面沾滿了旅途的灰塵。他的頭髮和鬍鬚長又凌亂，不像僧人應該刮得乾乾淨淨。他的臉和手腳都髒兮兮的，身上還散發出酸臭難聞的味道。

心體為這位客僧端了一盆清水，還給他一條毛巾和一張草蓆。客僧梳洗完畢後，心體把那盆髒水收走，然後端著一個小木盤回來，盤中有稀飯、榨菜和醬油。僧人謝過他後，開始怡然自得地吃飯。心體合掌向這位僧人行禮，然後返回寺中。一個小時後，他回來拿托盤，發現這位客僧已經裹在草蓆裡睡著了。

那天早上，心體到了三關，發現僧人正在坐禪，但不是結跏趺坐。他的右膝抵在胸前，右腳平放在地上。儘管僧人仍散發可怕的惡臭味，心體卻因他的高貴風範而動容。僧人看起來約莫五十歲，頭髮和鬍鬚都長又雜亂，但他的臉龐卻清晰且獨特，令人肅然起敬。心體暗想，他肯定是我讀過的那些神祕僧人之一，不想讓我們因為他可怕的外表而感到不自在。也許我可以多了解一些關於他的事情。當心體正要回去再端一盆溫水時，客僧睜開了眼睛。心體向他合十鞠躬，那位客僧清了清嗓子，輕聲道：「沙彌，從這裡到九隴山還有多遠？」

心體恭順地回答：「師父，不遠了，頂多走半天的時間就會到達。我去給你端一盆溫水，讓你早上盥洗用。」

客僧舉起手，示意沒有必要。他靠在牆上，用力一推，艱難地站了起來。然後，伸手去拿他的竹杖。

「謝謝你，沙彌，但是如果我要在天黑之前到達，現在就必須走了。我走得很慢。」

客僧的話音剛落，就拄著拐杖，一跛一跛地離開。心體走在他的旁邊，想扶他一把，但他再次舉手，告訴他不用擔心。然後，就步履蹣跚地走了。

心體同情地聳聳肩，以他這個方式行走，到了天黑也走不到九隴山。走了這麼遠，連個小包都沒帶，而且還骨瘦如柴！不知他為何要去九隴山？心體從未聽過九隴山有任何寺院或佛塔。他沒看過那座山，但聽說山高且荒涼，山頂終年雲霧繚繞。

心體喜歡上這位遊方僧，他身上有種東西讓心體想要更了解他，甚至靠近他。但現在心體束手無策，只能回去幫其他沙彌準備僧眾的早飯。早上的誦經快結束了。

僧人緩慢地走著，忍受著巨大的痛苦。他的左大腿長了一個柚子般大的癤子，但他從不抱怨，除非在睡覺時，才允許自己低聲呻吟。他原本盼望在天黑前抵達九隴山，但由於瘤子太痛，無法在一天內走完全程，只好在一棵樹下過夜。他沒有食物，但這不是什麼大問題。在過去六個月的旅途中，他無數次睡在樹下，肚子裡連一粒飯都沒有。當附近有一座佛寺時，他會請求允許睡在門下，總是有像心體這樣的年輕沙彌會端給他一碗粥或米飯。前一天晚上遇到的那個沙彌特別體貼和友善，還端來一盆溫水，以及一張乾淨、帶著陽光味道的草蓆。但今晚他只能將頭枕在大樹根上。他想睡覺，可是山裡的空氣非常寒冷，只好將身體蜷縮起來保暖，難以入睡。

天還沒亮，僧人緩緩起身，準備繼續趕路。他太虛弱了，摔了幾次跤。有一次，他以為自己再也站不起來，但最終仍然設法站了起來，繼續前進。走了幾百步後，他停下來，坐在一塊石頭上，等到呼吸恢復正常，又拿起竹杖再度出發。就這樣，他一直走到黃昏時分，終於到了九隴山。

他站在山腳下，環顧四周，沒有任何人煙，甚至連遠處也沒有一縷淺灰色的炊煙，炊煙代表有樵夫或其他人正在煮飯。由於山頂籠罩在霧氣中，他甚至看不到山頭。怎樣才能找到他想看到的草庵？僧人在一塊大石頭上坐了下來。經過六個月的行走，他終於到達了這裡。突然間，他想起中國詩人賈島的兩句詩：只在此山中，雲深不知處。霧雲太濃密、山林太遼闊、處所太荒涼，要怎麼打聽到故人的所在地呢？

這位遊方僧名叫知玄，十六年前，他在京城的一座古寺裡遇見一位名叫迦諾迦（Kaniska）的印度僧人。迦諾迦滿身遍布散發惡臭的疔瘡，在知玄的寺院前駐足，請求短暫掛單。寺裡的每個人都無法忍受他身上的惡臭，只有知玄願意照顧這位僧人。每天早上，他都會給迦諾迦端來一盆熱鹽水，幫他洗澡。隨後，拿來一件剛洗好的袈裟，把僧人身上沾滿膿血的破舊袈裟取下清洗，掛在陽光下曝曬。中午時刻，知玄端飯給他，晚上為他端上熱茶，並收走髒盤子。雖然迦諾迦的病情似乎沒有起色，但知玄的照顧讓他舒適很多。知玄就這樣照顧迦諾迦兩年之久，從來沒有失去耐心，也自始至終都如一地體貼。知玄的師父從來沒有說過一句反對的話，因為知玄同時也勤奮學習經典，並且善盡寺院的職責。

有一天早上，迦諾迦對知玄說：「你照顧我很久了，非常感謝你，現在我要走了。」

知玄驚訝地問：「師父，您要去哪裡？您的病還是很嚴重，走了之後誰來照顧您呢？」

迦諾迦溫柔地看著他，說道：「我還有事情未了，現在是處理它們的時候了。請勿擔心，一路上有很多寺院，一定會有人好心來幫助老衲的。」

迦諾迦看到知玄露出悲傷的神情，便又道：「我們的因緣仍在，還沒有盡。我知道你很聰慧，修行將會獲得很大的成果。有一天，你將成為高僧，並且名氣遠播。就讓我提醒你吧：修行是為了獲得解脫，而不是為了名望。我們的緣分深厚，請牢記我告訴你的這些話。」

知玄感激地深深一鞠躬，然後問道：「您說我們還會再見面，是在何時？在哪裡呢？恐怕您這一路上，連一個腳印都不會留下。」

「如果我們有緣相遇，即使試圖逃避也會相遇！不用擔心！在這一生中，你將在弘法事業上走得很遠。但是在十四、十五年後，你將遭遇可怕的考驗。那時請記起我，並且來找我。我肯定能夠幫你。」

「但是，我怎麼知道去哪裡可以找到您呢？」知玄問道。

印度僧人把手搭在知玄的肩膀上，領他出了僧房，說道：「到西蜀彭州九隴山，我將會在那裡。從山腳向上看，當你看到兩棵巨大的松樹矗立在一起，那就是你將找到我之處。請記住，九隴山。」

印度僧人離開後，知玄再也沒有聽過人們提起他的名字。時光流逝，這位年輕的沙彌後來成為一位學識淵博、智慧過人並且口才出眾的高僧。每次說法時，都有成千上萬的人來聽。京城不乏高僧大師，但知玄的名聲如此響亮，連唐懿宗都聽說了。有一年，在佛誕期間，懿宗皇帝派人來請他去王宮，向王室貴族和文武百官說法。他坐在法座上，看起來就像一位活佛，相貌莊嚴，氣度高貴，聲音清脆真切。他的話語將大家帶入奇妙的佛法世界。懿宗非常高興，下令將一件紫色僧袍供養給知玄。從此之後，他的名聲遠播，當時年紀只有四十三歲。

在知玄多次說法之後，懿宗皇帝朝他頂禮膜拜，特尊他為國師，賜名悟達，意即「獲得圓滿覺悟者」，從此住持於毗鄰皇宮的安國寺。懿宗皇帝希望他住在附近，這樣一來就可以經常見到，並從他的教導中受益。

悟達國師四十五歲那年名聲正達到高峰，就是懿宗皇帝下詔給全國各處甄選社會賢達人士來京都傾聽悟達國師講解《妙法蓮華經》的時候。五千個座位預留給王室成員、文武百官以及全國的俊傑。人們排山倒海地湧入京城，一排排地站著，佔滿寺中庭院的所有可用空間，聆聽國師的聲音如風般在上方迴盪。這次的說法持續了整整一個月，懿宗本人從未錯過其中任何一場。

那天是《法華經》講解法會的最後一場。趁這難得的機會，懿宗皇帝特賜國師沉香寶座，希望國師坐在沉香座上講解《法華經》。法座非常高，讓成千上萬的聽經者能夠看到國師。請師典禮在極度隆重的氣氛下進行，皇帝威嚴地站著，徐步走到國師面前，向他行禮，請他登上宏偉的法座。當尊貴的悟達國師登上法座時，所有的信眾都跪拜在地上。許多人感動得不自禁地哭了起來。這最後一場說法，成為國師永難忘懷的記憶。而這場說法，也隱藏了知玄國師修行生涯中的一場巨變。

如今，坐在九隴山腳下的一塊岩石上，這位身形瘦弱的遊方僧還清楚地記得，盤腿坐在沉香座上的那一刻。在他的下方周圍，成千上萬的人懷著敬畏之情垂首，包括懿宗皇帝在內。悟達向下看，連自己都感到驚訝，一個為道捨棄一切的修行人，竟能在凡夫中達到如此崇高的地位，確實很了不起。因此，他當時升起了傲慢心。剎那間，一股奇怪的灼熱湧上臉龐，他馬上明白自己心中產生了惡念。他輕輕搖了搖頭，試圖重新掌控心意，但為時已晚。遠處的天空中，一個微小的發光體，宛似一顆璀璨的沙粒，猛然落下並擊中他的左大腿，使他產生徹骨的劇痛。疼痛如此劇烈，悟達忍不住大叫，雙手抱住大腿。國王猛地從寶座上站起來，大喊侍從，將國師從法座上扶下來。因此，原本應該是悟達國師宣講《妙法蓮華經》的末場輝煌法會，就此無疾而終。大家都以為國師被什麼小毒物咬了，也許是蜈蚣。然後，他開始發高燒。

悟達知道沒有蜈蚣咬他。他親眼看到來自空中的發亮粒子，如同閃電般直撲而來，穿透了他的肉，但未損壞身上的紫色袈裟。他知道真相，但什麼也沒說。他讓御醫繼續診斷和治療。這個小傷口開始潰爛，很快轉變成紫色的腫塊，有柚子那麼大，並且非常疼痛。十天之後，腫塊爆裂，變成了巨大的傷口，還滲出膿血，每天流出的膿血足以裝滿一個大碗。御醫們開了各式各樣的藥，包括內服和外用，但都沒有任何助益。懿宗皇帝每日數次前來問候，下令全力救治。然而，一年過去了，國師的病情卻越來越嚴重。他體重減輕，體力也跟著衰弱。皇帝有一次前去探訪，彷彿看到這位國師眼中帶淚。

在一個痛苦並且輾轉難眠的夜晚，悟達決定離開安國寺。過去一年來，他臥病在床，被一大群名醫和侍從伺候，對國家一點都沒有用處，他為此感到慚愧不安。他已經達到榮譽的巔峰，現在卻落入羞愧和折磨的深谷。那天晚上，他只穿著一件棕色僧袍，手裡拿著一根國王御賜的法杖，便偷偷溜走了。傷口劇痛難耐，但他使盡力氣，連夜離開京城。當他看到路邊有一根竹竿時，便順手撿了起來，然後將王杖扔進湍急的河裡。珍貴的王杖漂回京城，而這位昔日的國師，如今只能一跛一跛地朝山裡走去。

第一天中午，他經過鄉村市集。一位農婦看到這位僧人如此可憐，就供養他兩根香蕉和一把糯米飯。他擔心糯米會使瘡口更加疼痛，所以只吃了香蕉。當他坐在土堆上吃時，突然想到有人可能會認出他，便將泥土抹在臉上。在這麼做的時候，突然間，那位印度僧人的影像如閃電般出現在腦海中。他想起了迦諾迦多年前對他說過的話：「十四或十五年後，你將遭遇可怕的考驗。那時候請記起我，並且來九隴山找我，我將能夠幫助你。」

於是，悟達不顧痛苦，日行夜休，出發前往九隴山。膿血持續不斷地滲出，浸透了褲子，但由於沒有換洗的衣物，惡臭的分泌物重覆滲出又乾涸，到了最後褲子變得像老玉米稈般硬梆梆，而且發出令人窒息的臭味。他的僧袍已經汙跡斑斑，甚至在沒有沾汙之處，原本的棕色也褪色成灰土色。每天晚上，他都會在一棵大樹下休息，拉起褲子檢查疔瘡。它仍然像柚子一樣大，潰爛的表面有四個深紅色的小孔，下面兩個靠近他的膝蓋，看起來就像一對眼睛。中間一個看起來像鼻子，上面那個像憤怒的血盆大口。瘡口似乎正狂怒地翻白眼和咬牙切齒，而這位僧人只能默默地看著它，心中充滿了悲傷和淒涼。

這位昔日的國師在前往九隴山的漫長旅途中，曾經睡在許多寺廟大門下，從未有人認出他。每個人都會款待他，但沒有人像法雲寺的年輕沙彌般仁慈，給他送來溫水和稀粥。他愉悅地想起那位沙彌。而現在，他終於到達九隴山腳了。

這位遊方僧，這位昔日的國師，突然間感到驚慌。在潺潺小溪中，彷彿聽到印度僧人迦諾迦的語音：「從九隴山腳向上看，當你看到兩棵巨大的松樹矗立在一起，那就是你將找到我之處。」

悟達抬頭一看，果然有兩棵巨松。在山的左邊，山巔的霧氣已經散去，兩棵大樹並肩而立，氣勢磅礴，樹頂仍繚繞著雲霧。悟達伸手拿起竹竿，痛苦地邁出步伐，朝山的左面往上爬。

當悟達筋疲力盡之際，不得不趴在地上，匍匐前進。但最終他抬起了頭，簡直不敢相信眼前看到的景象。遠處有一座異常美麗的寺院，許多絢麗多彩的屋簷和寺門半掩於茂密的植被中，清脆的風鈴聲從遠方傳來，他以為聽到《阿彌陀經》中描述，風吹過七寶樹的美妙聲音。附近有一隻鳥在悠揚地歌唱，他以為是迦陵頻伽鳥的甜美聲音。當他到達寺院大門時，遇到一位沙彌，沙彌告訴他，這裡確實是迦諾迦尊者的寺院。沙彌回到寺裡宣告有人來訪，過了一會兒，迦諾迦走了出來。故友如菩薩般散發光輝，悟達見狀跪倒在他的面前頂禮。迦諾迦彎身扶起這位昔日國師，並溫柔地牽著他的手，把他帶進客堂。

他們一起喝一杯又一杯的清茶，茶香撲鼻，喚醒了沉睡十五年的悟達。迦諾迦詢問他近況，儘管已經四十六歲，且是全國最尊貴的大師，但悟達還是忍不住感到自己像個無助的孩子般渺小。他鉅細靡遺地講述十幾年來的遭遇，迦諾迦聚精會神地聽著，偶爾為朋友的痛苦感到悲傷而嘆息。然後，他要求看一下疔瘡。悟達拉起褲管給朋友看。瘡口的景象非常可怕：彷彿正在瞪視著這兩個人。迦諾迦告訴悟達：「我的朋友，在這座山的山腳下有一潭清泉，名叫『解冤泉』，泉水可以幫助你治癒這個巨大的癤瘡，今晚就留下來吧，我們明天第一件事就是一起下去泉邊，我幫你清洗傷口。我保證你的病將會痊癒，洗兩次應該就夠了。」

迦諾迦尊者離開，隨後端著一盆溫水和一碗鹽返回。他微笑著說：「尊貴的朋友，很久以前你曾為我洗澡了兩年，是否還記得？現在，在解冤水發揮癒效前，請允許我為你清理一次瘡口。」

悟達正要拒絕，但看到迦諾迦流露真誠的眼神，知道反對也沒有用。迦諾迦肅穆地跪下來，把水倒在悟達潰爛並散發惡臭的瘡口上，然後只用加鹽的溫水和一條毛巾清洗。迦諾迦撫慰了朋友六個月來的流浪所經歷的孤獨和痛苦。悟達非常感動，眼裡含著淚水。洗完瘡口後，迦諾迦把那盆汙水拿走，隨後帶著一盆乾淨的水和另一條毛巾回來。他脫下悟達的僧袍，開始幫他洗澡，從頭到腳清洗整個身體，宛如這位前國師只是一個小孩子。然後他離開，再帶著一件乾淨的袈裟回來，幫朋友穿上。悟達別無選擇，任由自己被照顧。乾淨的僧袍聞起來有陽光的味道，輕軟舒適，並且散發雪松木的香氣，令人心曠神怡。那天晚上，悟達吃了迦諾迦親自煮的稀飯，然後被帶到一個小房間，裡面有一張氣味乾淨的小床。迦諾迦向他道了晚安，兩人約定在早茶過後，一起去解冤泉。

但午夜過後，悟達覺得再也等不及。整個晚上，癩子比以往讓他感到更痛苦，如果等到天亮可能太久了。他想起剛到山腳時有聽到潺潺的泉水聲，於是從床上起身，披上僧袍，蹣跚地走出了小房間。霧氣很濃，悟達幾乎看不見路，但最終設法找到了下山的路。一跛一跛地走了一會兒，他又聽到了水聲，終於找到一潭泉水。

他跪在一塊岩石上，把左腿褲拉起來，露出了瘡口。他緩慢地深呼吸，攝心觀想。這就是解冤泉，他相信迦諾迦所言，泉水能治癒他的病。然後他唸佛號，彎下腰，用雙手舀起一些泉水。水很冰涼，讓他的手感到刺痛，灑出至少一半的水。但手心裡剩下的一半就已足夠。當水接觸到瘡口時，他感到一陣刺痛，痛徹骨髓，痛到倒在泉邊。在半昏迷之間，他看到一張怒紅的臉，頭髮和鬍鬚豎立，怒視著他道：「啊！你這個號稱博學多才的人，告訴我，你讀過《西漢書》嗎？」

悟達大吃一驚，試圖保持鎮靜，回答：「是的，我有讀過。」

「那你一定還記得袁盎和晁錯的事情吧？由於袁盎的毀謗，晁錯在東市中央遭到砍背而死。那實在太恐怖了！太不公平了！

「看著我：我正是晁錯，而你不是別人，正是袁盎，那個誹謗者和兇手！你對我做了邪惡的事，我窮極數生都在追捕你，要你為自己的罪行付出代價。我已經追捕你十世，可惜都未能報仇，因為你在每一生都是高僧，甚至是聖人，你的行為始終都無可非難，讓我找不到攻擊的入口。不過，袁盎，我終於找到理由了！皇帝的虔誠和人民的崇拜使你墮落，使你陷入傲慢和自負當中，讓我找到了一個攻入的途徑。我就是一直在你身上的癤子！」

昔日的國師瞪著那張怒紅的臉，冒出一身冷汗。他想說什麼，但知道無話可說。那張紅臉又開口對他說話，這次的語氣沒那麼憤怒了。

「當然，你什麼都不用說。在許多生世中，我都因為這個復仇的欲望而受苦。因為對你的恨，我陷入無邊的黑暗裡。迦諾迦尊者教你用此慈悲三昧水來清洗你的瘡口，也將洗去我心中的冤屈怨恨。從今以後，不再與你冤冤相纏。能夠遇見迦諾迦尊者，得到他的相助，這是你的莫大的福報。我們彼此的累世宿業都洗清了！請拿點水再洗一次吧！快點！」

悟達突然驚醒，坐直了身體。他跪在一塊大石頭上，彎下腰，又向瘡口潑了兩把水。疼痛比之前更加劇烈，令他再次失去了意識。但這一次，他再也沒看見那張憤怒的紅臉，只感覺身心安詳。他看見自己在森林裡，在岩石上和灌木叢中奔跑、跳躍，宛似蝴蝶在草地上翩翩起舞般自在。他是個在春天的野花田裡奔跑的孩子。然後，他仰面漂浮在涼爽的河面上，望著無邊無際的藍天。接著他又變成小孩子，這次穿著過年的新衣，在白雪覆蓋的山坡上嬉戲。他感到寒冷，跑進屋裡烤火暖手，看見祖母坐在針線籃邊，並且看見母親眼裡流淌著柔情。火爐是如此的舒適，他不想再出去到寒冷的地方了。突然間，他聽到附近猴子的嗥叫聲。

悟達醒來，發現自己躺在泉邊，周圍的森林充斥著鳥兒的合唱。太陽已經升起，悟達感到溫暖並滿足。他迅速起身，拉起左腿褲，看到瘡口已經不再紅腫，表面開始結痂，而且變得越來越小。這個癩子開始癒合了。

悟達精神抖擻地尋找上山的小路，但看不見任何路徑，只有石頭和灌木叢。他看到昨天到達山腳時休息的那塊大石頭，抬起頭眺望。太陽已經驅散了迷霧，但他沒有看到任何寺院的屋簷和寺門，也沒有看到巨松！所發生的一切彷彿是一場夢。他坐下來思考剛剛發生的事：看到巨大的松樹，發現宏偉的寺院，遇見年輕的沙彌，和故友迦諾迦一起喝茶，散發芳香的清茶消除了身心的巨大疲憊，迦諾迦幫他洗澡，並給予一件散發雪松香的新僧袍。然後他低頭看，發現自己身上還穿著六個月來的那件破爛不堪，並散發著惡臭的舊袍子！

悟達嘆了一口長氣。他明白了，玄妙的緣份已圓滿了。他轉身面向九隴山，向聖僧迦諾迦尊者頂禮三拜，心中充滿感激，但感激中帶著一絲遺憾，因為知道自己再也見不到朋友迦諾迦了。

◇◇◇

在一個陽光明媚的午後，法雲寺方丈心體和兩位弟子來到九隴山腳下的至德禪寺，那是一間小草庵，住持是一位年方四十的僧人信古。當他們接近草庵時，信古在橋上迎接他們。四周都是參天挺拔的松樹，枝葉並不茂密，但樹木高大得彷彿直達天庭。這位法雲寺方丈多年來常聽人說九隴山腳下的這間小禪寺，但真正造訪還是第一次。他確實很高興能夠前來。這裡的每棵樹木、每塊岩石、每片葉子都非常美麗，而且橋下的小溪特別清澈。方丈抬眼望向雲霧繚繞的山頂，只見許多松樹高聳入雲。他默默地點頭，表達認可和欣賞。

住持把他領進半隱於綠樹之中、令人愉悅的小禪寺，一位沙彌端茶給他們喝。心體注意到旁邊的案頭上放著一本書，顯然還未抄寫完。他心想，書上的字寫得真好，筆觸靈活。他要求拿起來看一看，封面寫著《慈悲水懺法》五個字。心體將書放回桌上，正欲詢問，至德寺住持信古對他說：「尊貴的方丈，這是我師父編纂的懺悔文，仍未在民間流通，因為這是第一份手抄本。」

心體依然專注地看著那本書，問道：「請問您的師尊就是創建這座禪寺的人嗎？請告訴我他的德號是什麼？」

「尊貴的方丈，您說對了，師父在四十年前建造了這座簡陋的禪寺。他還在世的時候沒有替這個地方取名，直到他圓寂後我才給它命名。由於對師父的感恩，我取了『至德禪寺』這個名字。當他來到這裡時，方圓數里都沒有人煙。直到他建造這座禪寺後，少數農民和樵夫才陸續搬來這裡，並建造了房舍。」

心體再問：「我想當尊師來這裡的時候，你在他的身邊，應當還年幼吧？」

信古搖頭道：「不，尊貴的方丈，師父是自己來九隴山的。那時我才七歲，我父親就是剛才提到的一位樵夫，隨後搬到這裡。當我看到師父時，就想成為他的弟子。我所有的教育，無論是文義或佛法，都是師父傳授的。師父過去常常誇獎我的字，但直到今日，我仍然認為他的筆法才是真正神奇。」

信古住持又拿起另一本裝訂書，交給心體法師。心體一眼就認出這是信古的師父親筆寫下的《慈悲水懺法》原作。字跡剛毅又優美，豪放又細膩，宛如鳳舞。他喜悅地搖頭驚嘆：「真是美啊！真是美啊！」

然後他抬頭說：「這懺法是非常珍貴的著作，為什麼不把師尊的名字寫在上面，讓後人知曉並瞻仰呢？」

信古答道：「師父不想讓他的名字出現在書上。他來這裡過隱姓埋名的生活，將名字寫在書上有何意義呢？」

沉默片刻後，他繼續說：「師父到達時，這裡只是一片荒野。他親手修建了禪寺，清理了灌木叢，栽種豆子和水稻，他以前從未從事這樣的勞動。他來了之後，坐在泉邊的一塊石頭上，忍受著劇痛，渾身沒有力氣。」信古說話的同時，心體的腦海中迅速浮現，四十年前在法雲寺門下睡了一晚的遊方僧身影。那時的他只是個沙彌，但現在心目中依然可以清楚地看到那位僧人的莊嚴神情，以及威嚴的風範，袈裟沾滿了塵土。他現在還記得那股難聞的臭味。信古的師父肯定就是那位請求睡在寺院門下的遊方僧。至德禪寺必定是他創立的。心體站起來，雙手在胸前合掌。「尊貴的住持，您的師父曾經到過我們的寺院過夜，那是四十年前的事了。我有幸為他端送盥洗用水和稀飯晚餐。我敢說，我們的兩座寺院至德寺和法雲寺，相隔只有半天的路程，算起來應該是鄰居。為此，您願意讓我知道尊師的德號嗎？即使我與他的接觸如此短暫，至今仍對尊師懷有最深切的崇敬之情。」

面對如此真誠的敬意，信古感動地站了起來，輪到他向客人深深鞠了一躬。「尊貴的方丈啊，我不敢對您有所隱瞞。但現在已經很晚了，請方丈在此過夜吧，我將為你講述師父的一切。」心體接受了邀請，信古點燃兩根白蠟燭。他從師父還是沙彌時與印度僧人迦諾迦的邂逅開始講起，告訴他師父何時成為偉大的國師，還有關於癤子的事，以及他從泉裡舀水潑在瘡口上。夜幕降臨，雖然弟子們都已經去休息了，但至德寺和法雲寺的兩位住持仍繼續面對面坐著。蠟燭靜靜地燃燒，外面的山巒完全靜止。

信古清了清嗓子，繼續說：「師父非常感謝迦諾迦尊者，將他從世俗的怨懟中解脫出來，他發願要在這座山上度過餘生。他徒手折斷樹枝，搭建一座草庵。他吃果實和野菜並飲用溪水，將餘生都專注於修行。師父不再用佛法的見識來論經講道，而是用來參禪悟道。他從遇到的幾個樵夫那裡，獲得豆類和蔬菜的種子、以及一把鋤頭，甚至還有一把砍刀。後來我聽說，師父在九隴山腳下，比在京城當國師時，遠遠更加安詳平和。

「我成為他的弟子後，就把菜園擴大，從此我們就有了足夠的食物。每當有多餘的時間，我會去砍柴，然後請我的兄弟帶到市集賣，所得足以購買墨水、毛筆和紙，讓我可以開始學習。當師父看到這些文房四寶時，他又開始寫作，而且寫了很多作品。《慈悲水懺法》是他編寫的首部著作。他稱之為慈悲水，用於紀念迦諾迦尊者，這位尊者用泉水洗淨困擾師父十世的詛咒。師父常告誡我：『修學是為了解脫，不是追求名利。』我非常明白這一點，因為了解師父經歷的人生滄桑！他經常告訴我，對於我所知道關於他的一切要保密。事實上，我應該聽他的話才是。

「但是今晚，我不能這樣做。因為您認識師父，所以你們就是朋友。請原諒我的魯莽，但我可以在您身上看到師父。既然把這個故事告訴了您，我將不會再告訴別人了。向您講述師父的人生，讓我感到如釋重負。

「請接受我的謝意，現在已經很晚了，讓我帶您到寮房休息，希望您睡得安穩。明天，我將帶您去謁拜師父的墓塔，和給您看師父的其他著作。」

法雲寺的方丈躺在小床上，依然十分清醒。四十年了，他心想，這四十年我都做了些什麼事？我學佛、勞動、坐禪和講經說法。我當時只是十六歲的沙彌，現在是一座大寺院的方丈。四十年來，我一直被束縛在法雲寺裡，而九隴山腳下的這潭清泉，已經流淌過那麼多的水。

突然間，四十年前的年輕沙彌活了過來，心體的眼裡湧出淚水。他意識到自己不再想當一座大寺院的方丈了。身為方丈，他沒有機會種菜、種玉米和砍柴，也沒有機會及時來到九隴山，拜見至德禪寺的宗師。這座山離我的寺院只有半天的路程，他暗想，但我過去卻從未來過。心體豎起耳朵，聽見潺潺的泉水聲，變得越來越微弱。他打了一個盹，沙彌心體看見九隴山頂上有兩棵高大的松樹，樹頂籠罩著濃濃的霧氣。這兩棵巨松，高聳入雲。

## 故事背景介紹

本篇故事撰於一九七八年，以創意的方式重述一位著名的中國唐代佛教僧人悟達的真實故事。悟達曾經貴為國師，卻突然罹患怪病，生平撰寫多部作品，其中的《慈悲水懺法》，成為了今日許多寺院修習的懺本。本文由 Vo-Dinh Mai 翻譯成英文。

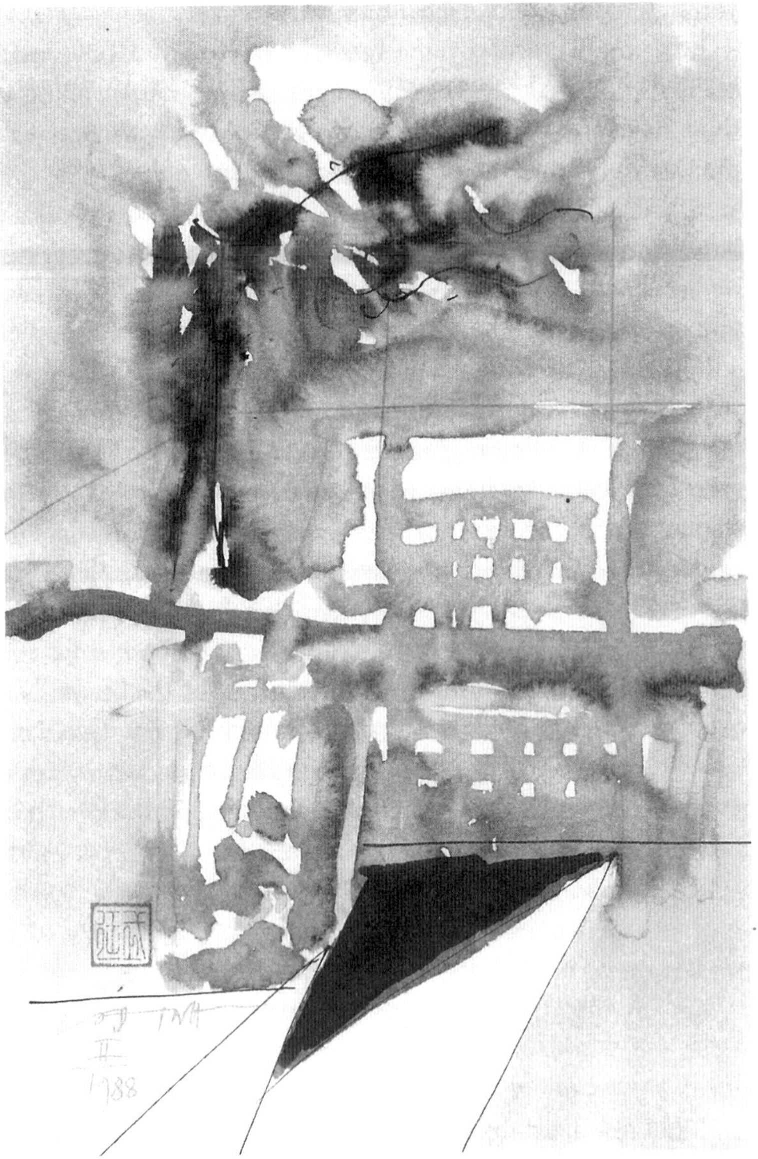
1988

# 松門

那是一個寒冷的秋夜，滿月剛上升到天際，年輕的劍客來到了山腳。荒野沐浴在月光中，樹枝和樹葉閃閃發亮，儘管已經離開了七年，看起來一切都沒變，但令其驚訝的是，竟然沒有人來迎接他。劍客在山腳駐足仰望，看見通往山上的羊腸小徑，被一道緊閉的松木門擋住了，他慢慢地往前走，伸手欲推開門，門卻紋風不動，即便他兩手孔武有力。

記憶所及，師父從不會把這個木門鎖住，而這條小徑卻是唯一通往山上的路。於是，他握住劍柄使勁往上跳，仍無法躍過低矮的木門，身體被一股奇異的力量攫住，把他往下推回去。接著他將劍拔出劍鞘，想要斬斷木門，沒想到鋒利的刀刃卻從柔軟的松木上彈了回來，而且產生巨大的後座力，甚至使他的手和手腕都被震得發麻。他舉劍指向天空，在月光下審視劍刃，不知何故，木門竟然堅硬得砍不下去，彷彿師父賜予它靈力，根本無法越過。劍客嘆了一口長氣，將劍插回劍鞘，在門外的一塊岩石上坐了下來。

七年前，在下山的時候，師父凝視著他良久，不發一言，臉上露出慈祥的神態。然而，表情裡還含有一些別的東西，似乎帶著一絲憐憫。年輕的劍客只能尊敬地垂著頭，過了一會兒，老人對他說：「我無法永遠將你留在這裡，我知道你必須下山，進入塵世實踐佛法和幫助眾生。我原本以為我能夠讓你留久一點，但是如果你想現在離開，我也只能給你衷心的祝福。記住我教給你的東西，在山下的世界裡，你會用得到。」

然後，師父告訴他應該追求、避免和改變什麼。最後，他將溫柔的手放在弟子的肩上道：「這些是你的行動基本原則：不管是現在或未來，絕對不要做會傷害自己和他人的事情，朝著能帶給自己和他人徹底覺悟的方向邁進，不要害怕。還有，隨時記得痛苦、快樂、解脫和迷惑的評判標準，缺乏這些原則就是背道，對任何人皆無益處。

「這是我最珍貴的寶劍，也是來自內心的利刃，用它來制服一切邪惡，以及擊潰所有的野心和慾望。

「這是我的迷悟鏡，」他再說道，拿出一面小鏡子交給弟子：「它會幫助你區分善惡好壞，有時它被稱作照妖鏡，因為它能立刻照出妖魔鬼怪的真面目。」

翌日破曉，年輕的劍客向師父告別。老人陪著他走下山，一直走到虎溪，在山澗溪流的潺潺水聲中，師徒再次告別。師父將手放在年輕人的肩上，凝視著他說：「我的孩子，你要牢牢記住，貧困不能動搖你，富貴不能誘惑你，權力不能征服你。我會在這裡等著，直到你完成誓願歸來！」然後，他盯著年輕人踏步離開，展開了旅程。

劍客回憶剛上路的頭幾天，一切仍歷歷在目。隨後幾個月和幾年的經歷，在心中快速繞過，人性以眾多不同面目呈現，這把劍和迷悟鏡有一段時間證明了非常有用！有一次，他遇到一位和尚，那是一位年邁的智者，外表會讓人立刻產生敬意。老人邀請劍客去他的住處，討論如何一起利益眾生。年輕男子著迷地聆聽，但接著突然感到這位老人有點古怪，於是拿出迷悟鏡看，瞧見眼前站著一個火眼金星的巨大惡魔，額頭上長了一隻角，還有像他手臂一樣長的獠牙！年輕人嚇得往後跳，拔出劍撲向惡魔。惡魔也立刻反擊，最後當然沒有成功。它臥倒在年輕人腳下，懇求饒命。劍客接著要它發誓，回去原本的地方，修習佛法且祈求來世做人，同時永遠不再偽裝成和尚，蠱惑和吞食無辜眾生。

還有一次，他遇到一位穿著長袍馬褂、留著白鬍鬚的年長官員。一個是想要拯救世界的年輕人，一個是德高望重的父母官，這是令人愉快的相遇。可是年輕人的直覺又出現了，用迷悟鏡一照，這個威風凜凜的官員，竟然是一頭體積龐大的公豬，雙眼流淌著貪婪。利劍馬上從劍鞘中躍出，公豬企圖逃跑，但劍客跳躍一步趕了上去，站在官員宅第的入口柵門前，擋住唯一的逃跑途徑。野豬恢復真實形象，高聲求饒。年輕人又逼著野豬發誓，將追隨佛法並且永遠不會喬裝成官員模樣，吃眾生的肉和喝眾生的血。

另外一次，年輕人經過一個市集，看到一群人圍在一個書畫攤旁，小販是一名年輕美麗的女子，笑容宛如對著陽光綻放的蓮花。還有一名娟秀的少女坐在附近，手指撥著琴弦，輕柔地吟唱。美麗的少女和動人的歌聲，令現場所有的人都如癡如醉，一旦停下來就不再離開。他們站在那裡聽歌，完全被迷住了，然後紛紛掏錢購買圖片和書籍。年輕人也被吸引過去，設法擠到人群前面，拿起一張圖片，優雅的圖案設計和生動的色彩使他著迷，然而，此時心中忽然產生一絲不安，於是拿出迷悟鏡一看，這兩位美麗少女竟然是兩條巨蛇，來回彈出像刀刃般的舌頭。劍客迅即揮臂推開群眾，將劍指向這些妖魔，以震耳欲聾的吼聲怒斥：「惡魔！變回你們的邪惡原形！」

兩條巨蛇見狀撲向年輕人，圍觀的群眾害怕地如鳥獸般散開，但就在他的神劍繞著蛇身畫出幾道閃光的圓圈後，巨蛇不得不屈服，趴在他的腳下求饒。他扳開它們的嘴斬斷毒牙，並逼它們發誓永遠不會返回迷惑村民。然後，他放了一把火燒掉書攤，將兩個妖魔送回它們的巢穴。

年輕的劍客穿越一座又一座村落，經過一個又一個城鎮，認真地執行任務，使用那把劍和迷悟鏡，征服了許多妖魔鬼怪，並且忠言勸導它們為善。他開始將自己看成眾生需要的劍客，下山進入一個背信忘義的世界，這個世界肯定因為有他才變得更好。他從行善中獲得極大的喜悅，有時甚至忘了吃飯和睡覺，幫助人們使他獲得巨大的喜樂和滿足。

時間飛快地流逝，有一天，他在河畔休息，望著河水靜悄悄地流過，乍然意識到已經有一段時間沒有使用迷悟鏡，並不是說他忘記了，而是覺得不再想用。他回想起起初很勉強地使用，每次透過迷悟鏡看到面前許多惡魔的原形時，都得與它們決一死戰。他也想起，每次透過迷悟鏡看到聖賢的形象時，感受到的無上喜樂。可是，自己顯然發生了一些變化，但卻不知道是什麼，現在，無論看到聖賢或妖魔，再也不會感覺歡喜或憤怒。反之，開始對妖魔產生了一些熟悉感，即便是它們令人恐懼的特徵。迷悟鏡只是安穩地放在口袋裡，年輕的劍客思量著，有一天回到山上，請師父指點迷津，為什麼不想使用過去確實對他大有幫助的迷悟鏡呢？

離開山上七年八個月又十二天，他穿越一座白梅林，突然思念起在老師父的教導下修持的日子，他們的茅屋也同樣坐落在一個老梅林中。在秋天的月光下，他全身灑滿了雪白的梅花，決定回去山上。

他穿越崇山峻嶺，渡過數十條溪流，花了七天七夜的時間，終於來到山腳下。到達時，夜幕開始籠罩，冉冉上升的月亮，照出通往山上師父住處的松木門，但木門緊緊地闔上。他別無它法，只能耐心等待；他不能再往前走，只能等師兄弟下山開門。他想著，黎明時師兄弟肯定會下山去溪流汲水，他們就會為我開門。現在，月亮升到了半空中，整座山林都沐浴在清冷的月光下。

隨著夜晚的流逝，空氣變得更寒氣逼人。他將劍拔出劍鞘，望著倒映在寒冷鋒利的刀刃上的月光。接著他將劍插入劍鞘，站起身來。月光清澄透澈，山林靜止不動，彷彿對劍客的存在絲毫不覺。他沮喪地在一塊石頭上坐了下來，過去七年的種種，又從眼前閃過。月亮緩緩移向遠方的山頂，星星閃爍著晶瑩的光輝，然後也開始變得模糊，東方露出一線光芒，黎明即將破曉。

劍客聽到枯葉簌簌作響，抬頭看到一個模糊的人影，正走下山來。他想著，那肯定是一個師弟，可是天色還不夠亮，無法確定。那個人似乎提著一個大水壺，隨著他的身影越來越近，劍客聽到他高興地驚呼：「師兄！你什麼時候到的？」劍客回答：「師弟！我在月亮開始上升時就到了，整晚都待在這裡。為何松門會鎖住？這是師父的命令嗎？」

師弟抬起手，輕輕地拉了拉沉重的木門，毫不費力地拉開。他跨過門，握住劍客的手，看著他說：「你必定冷透了！瞧，你身上沾滿了露水！我以前的工作是下來這裡，整天只是採藥草和看門，假如有可以見師父的人來訪，就帶他上山；如果我認為那個人還沒準備好，就躲在草叢後面，他們最後都會放棄！你也知道，師父不想與決心不堅定的人見面，最近他允許我修行更高層次的佛法。因為我大部分時間都待在禪房，他便告訴我關上松門吧。他說，它會自動向任何有德行的人打開，並且會擋住沾染太多俗塵的人！」

劍客問道：「你說我是這樣的人嗎？為何木門對我緊閉？」師弟開懷大笑：「當然不是！反正我們現在可以上山了。但是等一下，師兄！我必須先汲一些水，你可以跟我一起去嗎？笑一笑吧，師兄！你為何滿臉怒容？」

兩個人咯咯地笑著，下到了溪畔，太陽還未升起，但是東方已經一片明亮。師兄弟倆現在能夠清楚地看到彼此的臉龐。他們在被黎明曙光染成粉紅色的水面上，看到兩人肩並肩地站在一起的倒影，劍客穿著騎士服，看起來氣勢磅礡，長劍斜掛在背上。師弟身著飄逸的僧袍，身形比較柔和，手裡提著一個水壺。兩人沉默地看著彼此的倒影，相視一笑。一隻水蜘蛛驀然跳出來，使染上玫瑰色的水面蕩漾起漣漪，兩人的影像化作數不清的波浪。

師弟說：「多麼美麗啊！如果我現在把水壺放入水中，肯定會徹底毀掉我們的倒影。對了，你還隨身攜帶那個迷悟鏡嗎？我記得幾年前，在你下山時師父給了你！」

劍客將手伸入口袋拿出鏡子，乍然意識到離開這麼多年的時間，一直用它檢視別人，從來沒有用來照自己。他拿出鏡子，在袖上擦了擦，對準著水面。兩個男人的腦袋湊近，一起看著小鏡子。

兩人的喉嚨中發出一聲驚愕的尖叫，在森林裡迴盪。劍客向前倒下，臥在地上。一隻鹿在更遠的上游喝水，驚恐地抬頭。師弟難以置信剛才看到的景象，自己穿著飄逸的長袍，手裡提著水壺，站在一個高大惡魔的旁邊，惡魔的眼睛像水井一樣深邃和漆黑，彎曲的長長獠牙，繞在方形下巴的四周。惡魔有一張藍灰色的臉，顯現出灰燼和死亡的陰影。師弟渾身一顫，揉了揉眼睛，再看著現在躺在河岸的青色碎石上，昏迷不醒的師兄，師兄的臉上依舊流露出震驚和恐懼。苦難已經刻在師兄的身上，在離開山上禪房的七年時間，他不斷勇敢地面對這個粗暴且殘酷的世界。

師弟下到溪邊汲水，清洗師兄的臉，片刻後，劍客醒了過來，滿臉絕望。他的真實形象，就這麼出乎意料地出現在迷悟鏡上，讓他以如此迅速且殘酷的方式實現覺悟，因為受到打擊而倒下。他的力氣全部消失，雖然試圖站起來，但腿和手臂都軟而無力。師弟告訴他：「沒關係，沒關係，師兄！我們現在就上山去。」

聽在劍客的耳中，師弟的聲音彷彿遠處飄來的一陣微風。他搖了搖頭，自己的世界已經崩潰，不想再活了。他覺得自己好像剛剛站在颶風移動的路徑上，他怎麼能把自己帶到敬愛的師父面前？師弟撣去師兄肩上的泥土道：「不必擔心，我們的師父對你只有慈悲，現在讓我們上山吧。我們重新一起生活、勞動和修行。」

兩個人影慢慢地沿著陡峭且佈滿岩石的小徑而行，小徑蜿蜒而上，天還沒亮，他們的剪影刻印在樹木和岩石上的薄薄露珠中。第一縷陽光終於照在兩人身上，只是加深了反差，劍客走在腳步堅定且神態溫和的師弟身邊，身心似乎顯得更加疲憊。

在遠方的山頂上，一輪旭日冉冉升起。

# 故事背景介紹

本篇故事撰於一九六〇年，迷悟鏡代表正念，即使你是一位證悟高深的僧人，如果缺乏正念和自我反省，仍然可能變成妖魔。文中那把劍即是文殊菩薩的劍，能夠斬穿假象。本文由 Vo-Dinh Mai 翻譯成英文。

# 一束野花

多年前，有一位心地善良的農夫，他的妻子在生下第二個孩子後就撒手人寰。農夫獨自撫養小孩，直到兒子十六歲和女兒十一歲時，自己也病歿。孩子們遵照遺囑，將父親埋在他們擁有的其中一塊稻田裡，田地周圍環繞椰子樹和大花田菁樹。

孩子們知道，在六個世代以前，有一位祖輩是名書生，因為想要擺脫艱困的生計，便從越南中部向南遷徙，在這裡砍伐了一片森林，開闢出四塊肥沃的稻田。經歷六代子孫的辛勤耕耘，變成了腳踏實地的農人。

臨終前，這位農夫將兩個孩子叫到眼前，交待最後的囑咐：「在我死後，不要賣掉我們的任何稻田。照顧好它們，繼續耕種和收成。你們要知道，五個世代來，我們的祖輩一直相信，這片土地的開創者在田地的某個地點，埋藏了黃金和珠寶，但到目前為止，還沒有人找到。祖輩留下了一首偈子，我的父親被告知，這首偈子可以幫助我們找到埋在地下的寶藏。可是幾個世代的人都沒有弄懂這首偈子的含意。你們的祖父告訴我，若想弄懂這首偈子，必須花很多時間參究。在你們祖父的一生中，我們的國家經歷了很多苦難，他被迫顛沛流離，但最後總會回歸故土。別的房子都成了廢墟，但你們祖父辛苦重建和維護我們的祖屋。他從來沒有時間參這首偈子，他要我找時間思惟。但我必須在田裡幹活，也沒有時間做這件事。

「所以，我把有關寶藏和如何尋找的指示傳給你們。不要像我一樣忙碌，只要剛好夠生活就行了，而應花時間去探索這首偈子的深層含意，找出寶藏。這將是你們表達對祖先感激的最佳方式。這首偈子在家譜的第四十四頁，家譜就放在祭壇上的木匣裡。」

在舉行父親葬禮後的翌日，兄妹二人在壇前祭拜，然後取下家譜。帶著極大的敬意，他們恭恭敬敬地打開家譜，翻到第四十四頁，朗讀這首偈子：

上無遮頂之瓦

下無安立之地

穿上新製長袍
手持法杖前行
一步震撼世界
如龍躍向獵物

兄妹倆沉默地靜坐良久。當一柱香快燒完時，小姑娘開口打破寂靜：「哥，你明白嗎？這首偈子聽起來很奇妙，但我一個字也聽不懂。」

哥哥沒有回答，只是闔上家譜，恭敬地放回祭壇上的木匣裡。然後兩人再拜了拜祖先。幾分鐘過後，哥哥說：「祖父是對的，我們需要很多時間來思索偈子，我們就照他們說的去做吧。當一切都安頓下來後，我們應該抽出時間來參這首偈子。」

◇◇◇

時間過得很快，六年過去了，兄妹倆獲得豐饒的收成而能重建祖屋。屋頂鋪上閃亮的紅色磚瓦。院子裡，波羅蜜樹長得又綠又密，果實纍纍。糧倉總是堆滿稻米。兩頭強壯的水牛並肩犁地，翻鬆田裡的黑土，讓青翠的稻苗能夠強健地生長。兄妹倆家業興旺，並且因為慷慨大方而贏得村人的愛戴。每當有人需要借米時，總是得到比索取的更多。為他們工作的所有人都很誠實，將主人的財產視若己物。

村裡的姑娘們都看上這位年輕人，但他從來沒有想過要結婚。事實上，他下定決心不結婚，以便有時間鑽研這首偈子。然後，妹妹也到了結婚的年齡，村裡的小伙子們全都向她求婚。她長得漂亮又有愛心，不少媒人上門來提親，但總是被她拒絕。她也想要有時間去領會這首偈子的含意。

只是兩人日常工作太忙，根本無暇顧及其他事情。這並不是說，他們有任何債務、需要進行重大修繕、或農田出現問題。他們僱用許多工人幫忙整理家務和種田，莊稼長得非常好，只是時間飛逝而過。

最後，哥哥開始牽掛這件事，因此輾轉難眠。他悉心照料祖輩留下來的稻田和房子，卻沒有因此感到幸福。他覺得直到了解這首偈子的深意，才能獲得平靜。為什麼呢？他真的需要祖先的寶藏嗎？他已經擁有成功和財富，但成功的源頭：房子、菜園和稻田，卻成為他追求偈子含意的障礙。一天只有二十四個小時，卻都被工作填滿了。天一亮，他吃完早飯就去田地裡幹活。到了中午，他吃一頓清淡的午餐和小睡一下。在下午，他繼續拉著水牛耕田。到了晚上，只剩下盥洗、吃飯和睡覺的時間。他什麼時候才有時間參那首偈子？

如果沒有房子和稻田，他就只是個無家可歸的流浪者。但有了房子和稻田，他所有的時間都花在那裡。他整夜輾轉反側，想到古時候隱士離鄉背井求道。是的，為了有時間，他想，我可能不得不拋開一切。可是，我怎麼能留下祖傳的財產呢？寶藏就在稻田裡，離開就是失去一切。

時間繼續流逝，在三十歲那年，哥哥探索這首偈子的渴望愈加深切。他的田地裡長滿了金色稻穀，收割者邊工作，邊談笑和歡唱。在打穀的月圓之夜，青年男女聚集在一起唱歌。但這些都無法讓他開心。妹妹注意到這一點，提議全權負責家裡和所有田間雜務，讓他可以專心參這首偈子。

她的想法看似明智，但要付諸實踐卻不容易。即便妹妹開始包攬裡裡外外的一切工作，他也無法閒著，因為他工作慣了，手一閒下來就覺得不開心。他意識到，如果真的想參這首偈子，他需要離開家，找一座偏僻的寺院。

所以，他付諸行動，離家前往越南中部的一個偏遠地區，在那裡獲得一座寺院收容。在閉關期間，妹妹每月都會捐兩百多公斤大米到寺院。哥哥沒有被雜事分心，終於有空可以參這首偈子。

◇◇◇

三年轉眼過去。現在，這個年輕人正緩步走在陽光明媚且杳無人煙的鄉村小路上，準備返回家裡的農地。他沒有看到任何人影，走到十字路口時，放下了背包，坐在一棵古榕樹的樹蔭下。一切都靜止不動。

這三年來，他一直在寺院勞動，種馬鈴薯、洗菜、砍柴和挑水。在寺院裡，辛勤勞動是修行的重要部分。事實上，他比在家更努力地勞動，但不知怎麼，還有時間把偈子的每字每句都背了下來。他在打坐、行禪和勞動中背誦了無數遍。但即使在三年之後，也沒有獲得任何啟發。對他來說，前兩句似乎最為玄妙：

上無遮頂屋瓦
下無安立之地

這會是哪裡呢？會不會是池塘？不，池塘下面還有「安立之地」。稻田裡怎麼會有池塘呢？只有那個浮萍池，可是它是在後院。再說寶藏怎麼可能埋在池塘裡？也許寶藏在一塊大石頭下面？但是田地裡也沒有大石頭。他想，沒有屋瓦的地方想必是露天場所。他覺得終於明白了第一句。不過，對於第二句，他沒有一點把握，並且對接下來的兩句又更不明白：

穿上新製長袍
手持法杖前行

他想，這肯定是指祖先的墓地。這句可能暗示一場葬禮：人們穿上喪服，僧人手持法杖。但祖先的墳墓在村裡的墓地裡，而不是在稻田裡。在椰子樹和大花田菁樹環繞的田地裡，只有父母的墳墓。最末兩句讓他感到最困惑：

一步震撼世界
如龍躍向獵物

他想到了風水。也許一位優秀的風水師能夠在四塊稻田中找到「龍口」。可是，在這麼廣闊平坦的地方，怎麼會有青龍白虎呢？

在寺院裡，他曾經把這首偈子給一位和尚看，請他幫忙釋疑，但那位老和尚也愛莫能助。在寺院住了三年後，年輕人覺得他對這首偈子的理解，沒有比剛到那裡時好多少。但是他的魂魄改變了。他對事情更加專注，不知何故，開始感覺到他的日常生活：吃、睡和工作，都與祖先流傳的這首偈子息息相關。他的生活與這首偈子感覺宛如在身體內循環的血液般親近。

太陽的光影拉長了，下午的空氣變得涼爽一些。年輕人站起來，將包背在肩上，繼續往前走。四周的水稻嫩綠動人，在午後的微風中向他招手。一股淡淡的幸福感瀰漫全身。突然間傳來的歌聲引起他的注意。他停下腳步傾聽，聽到一個像在微風中搖曳的稻苗般快樂的聲音。歌聲越來越清晰，男子認出是妹妹的聲音。他像過年般興奮，向前奔跑去找妹妹，只見她從桑田裡走過來，對著水牛唱歌，手握一束野花。一看到哥哥，她馬上跑了過去，不由自主地把自己在田地裡採的野花遞給他，開懷地咧嘴而笑，從頭到腳仔細打量他，看到他身著棕色衣服，肩上背著一個灰色包。然後，她盯著他的眼睛看。她的目光清澈如清流，給他的身心帶來舒暢和安寧，令他的憂傷頓時煙消雲散，整個人變得輕盈如浮雲。雖然她是他的妹妹，但她眼中的神情卻像母親般寬宏和關切。

◇◇◇

兄妹倆把牛群趕到草地上，坐在涼爽樹蔭下的土堆上。然後，他開始向她講述這三年的寺院生活，以及對那首偈子的領悟。她凝神細聽，沒有打斷他，沒有遺漏任何細節。他說完後，細察妹妹的變化。她的皮膚曬得黝黑，身體健康，眼睛明亮，笑容清新並散發慈悲。她以前就有些安靜，現在變得話更少了。觀看到她的舉止和眼神，他知道她找到了平靜、喜樂和幸福。

她明白他的心思，說道：「你走後，我獨自照顧家和田地，並不覺得是負擔。我覺得做所有的家務都非常輕鬆。我慢慢地做，非常享受。你總能在七天內耕完田，我則需要花十二天。我了解到，無論完成得快或慢，結局都是一樣的。每當握著犁把水牛往前推時，我會想『這可能是寶藏埋藏的地方。』由於意識到田裡的任何地方都可能埋藏寶藏，我犁得更慢了，全心全意愛護每一寸土壤。

「第八天下午，在佛塔附近的田裡犁最後一道畦時，我覺悟到四塊田的每一塊都是寶藏！寶藏不是埋在土裡，而是每寸土地本身。我了解到土地之所以珍貴，不僅是因為出產水稻，而是因為它是土地。我看著犁、水牛、白雲、天空，還有寶塔後面的雞蛋花樹，我看到犁因為是犁而珍貴，水牛因為是水牛而珍貴，雲因為是雲而珍貴，雞蛋花樹因為是雞蛋花樹而珍貴。我了悟到，我們一直在尋找的不是一件特別的寶藏，而是宇宙一切眾生的獨一無二存在，包括我們自己在內。

「我比發現寶藏還開心。在田裡幹了一天活後，我步行回家。我感受到對所有生命和所有眾生的巨大的愛。第二天以及隨後三天，我非常清醒地耕作。我了解，所流下的每滴汗水都是用我的整個靈魂在澆灌土壤。我領悟到，我並不比水牛或其他任何東西更重要。

「如果能夠寫信，我肯定會寫信給你，讓你知道，無論你是否參透了偈子或發現了寶藏，我們的生活都充滿幸福。我繼續每月向寺院送米，並希望你能獲得啟發，找到這首偈子的深意，而不只是為了尋找祖先的寶藏。

「如果找到了寶藏，我們會怎樣花用呢？我們會買更多的土地？建造更多的房子嗎？我們的四塊田還不夠耕種嗎？誰來照顧這些房子呢？這房子和田地已經足夠讓你到寺院裡居住。

「我對寶藏沒有任何希求。但我知道，祖先的偈子中有一些東西與我們的生活息息相關。自從你第一次讀給我聽後，我私下默念這些句子很多次，完全不理解它的意思。儘管如此，每次默念時，心都會怦怦地跳，就像聽到風在椰子樹葉間吹過一樣。我不知道風想說什麼，只知道我喜歡它的聲音，感覺與風和樹很親近。

「多虧那八天在寶藏上進行的耕作，我發覺了自己、犁、水牛、白雲以及寶塔後面的雞蛋花樹。有天晚上，我在夢中看到父親，容光煥發地對我微笑。我告訴他，是哥哥發現了寶藏，不是我。

「從那天起，我自由自在地生活，與水牛、黃牛、田野和稻田一起歌唱，等待你的歸來。現在你回來了，我覺得好幸福！」

◇◇◇

哥哥認真地聆聽妹妹發自內心深處的一番話。他明白，妹妹是真的發現了寶藏。他曾經接近過寶藏，但沒有得到。有時候，他也感到對寶藏已經不再渴求。他覺得這首偈子與自己密切相關，如同在他血管中流動的祖先的血，同樣地親密。他領悟到，自己之所以沒有找到寶藏，就是因為正在尋找。而妹妹找到了，乃是因為無意尋找。他想：「明天早上，我會走到田地裡，看看舊犁頭、水牛以及那裡的所有寶藏，然後我將重新發現自己。」

然後，他站起來，充滿愛意和感激地看著妹妹，與她一起走上山坡。他們合力驅趕前方的牛群。在走回田地的途中，哥哥感到大地、天空和風彷彿是充滿親切和深情的手臂，將他整個人抱在懷中。

## 故事背景介紹

本篇故事是作者於一九七八年慶祝與真空法師之間的法誼，在她生日時寫下。和平和幸福的寶藏並非藏在地下，而是在心裡。故事中的哥哥一直在尋找，卻都找不到。而妹妹沒有去尋找，反而找到了。尋找寶藏的工具不是智力，而是正念。只有在日常生活中修習正念，才能發現它。文中的偈頌是著名的十二世紀越南僧人性空長老（Tinh Không）所作。本文由定嚴法師翻譯成英文。

# 美麗的眼睛

她和母親住在山坡高處用泥土和稻草搭建的茅屋裡，門前種了一棵粗壯的柏樹，一年四季都綠意盎然。每天下午，年老體弱的母親出門打柴，並撿野菜熬湯。那是母親唯一能幹的活。所以，少女必須從日出之前就起來幹活，一直做到日落，以維持母女倆的生活。她在菜園裡種植、照料和收割各種蔬菜和水果，並且每隔三天就把成熟的蔬果帶到市場賣，以換取大米和其他必需品。

全村人都知道她虔誠、勤勞、溫柔和善良，是一個德行完美的女子。烏黑順滑的長髮披在纖細的肩頭上，臉色如夏日的柿子，說起話來婉轉動人。如果她的眼睛清澈如水，那肯定就是村子裡最漂亮的少女。但是她的眼睛長得十分可怕！每次照鏡子，她都不自禁地號啕大哭！村裡的小伙子根本不理她。他們只在乎眼睛明亮清澈的少女。她非常羨慕擁有美麗眼睛的人，心想他們才是幸福的人。攬鏡自照，她知道自己沒有未來。

一個秋天早晨，有一位英俊的年輕男子來拜訪她。他下了馬，將韁繩拴在柏樹上，緩慢且自信地走向她的家。他看起來像個學者，有高高的額頭、一對清澈的眼睛、以及方正的下巴，嘴角還掛著燦爛的笑容。她放下籃子，抬頭看著他，忽然害羞起來。年輕人以慈祥、尊重和親切的態度平靜地問候她，這讓她感到自在。她去廚房泡了茶，端出來給他喝。

年輕人說，因為聽說她的事情，便從遙遠的地方來這裡。他的聲音很溫暖。她高興地聆聽，像聽哥哥講故事的小孩子般順從。她對他產生了感情，覺得倆人在前世必定有著某種緣分。

年輕人打開一個布包，拿出幾本古書給她看，並從中挑出一本薄薄的書，遞給她。「這是我最珍愛的書，想要送給妳，妳是唯一擁有這本神奇之書的人。」

他繼續說：「今晚睡覺前，點燃一支蠟燭。然後，每翻一頁，請想起我。如果書上出現任何東西，把它放在妳的枕頭下，然後馬上去睡覺。」話畢他就像出現時一樣突然離開。他們的相遇雖然短暫，但她知道，他使她的心中開始流淌純潔的愛，並非少女站在夢中情人面前變得害羞的情愫，而是更自然的愛，直率、溫柔並且甜蜜。

那天晚上，她點燃蠟燭，平靜地打開那本美麗的古書。看著第一頁，她開始想起那個年輕人。她看到書中寫的都是有關心靈的內容，簡單卻極其深刻。事實上，那些話似乎像是專門對她說的。每翻一頁，她就會想起他。內心受到深刻地感動，她開始哭泣起來。

在讀到一半時，書頁開始移動。隨後，最末兩個字忽然放出明亮的光芒，化作兩顆璀璨的明珠，如晨露映照初升的朝陽般璀璨。她撿起珍珠，按照年輕人的吩咐闔上書，把珍珠放在枕頭下，然後睡著了。

故事在夢中繼續上演，她睡得很安穩，直到太陽升起，鳥兒開始歌唱。當她把手伸到枕頭底下時，那裡什麼也沒有。這是夢嗎？不，那本古書還在床邊。她盯著它看了良久，直到聽到母親呼喚，提醒她出去割些新鮮青菜到市場賣。

少女穿上平日穿的外衣，把所有的鮮花和蔬菜都裝在一個大籃子裡，向母親道別出門。那天菜賣得很快，她注意到人們在買菜時都盯著她瞧。她想，也許是臉上沾了一些煙灰。她用袖子擦了擦臉頰，但沒有擦到任何汙垢。

回到家後，她急忙去照鏡子，想擦去煙灰，看到自己的模樣大吃一驚！她竟然有一對非常清澈的眼睛！她的臉完全變了！漆黑的眸子閃閃發亮，首次真實地反射她光彩奪目的自性。她的眼睛成了讓世人看到她善良和富有同情心的靈魂的窗口。突然間，她想起那位年輕人，感激地跪倒在地，喜極而泣。眼淚只是讓她的眼眸變得更加深邃和明亮。

從那天起，她的生活發生了變化。村裡的每個人都誇讚她，她種的蔬菜和花卉只花幾分鐘就賣光。村中的小伙子們都注意到她，一有空就來幫她挑柴水。晚上當月光明亮時，她唱歌給聚集在茅屋外的許多年輕人聽。以前她的眼睛不好看時，沒有人來聽她唱歌，現在卻樂此不疲地聽她連唱個幾小時。短短幾個星期，她的美貌就傳遍省裡的每個村莊，家門口排起長長的馬車隊伍。富裕人家的子弟紛紛前來，向她獻上鑽石和象牙禮物。貴族世家子弟在茅屋坐落的土地上，為她興建一座城堡。皇太子在城堡周圍建造金銀城牆，年輕的國王們種植金枝鑽葉的樹木。很快地，她變得富有並且遠近馳名。

不久之後，事情就發生了變化。她變得冷漠，對村裡溫文爾雅的小伙子不屑一顧。她開始目中無人，驕傲在心中滋長。

有一天，那位年輕人返回，將馬韁拴在柏樹上，抬頭便看到被金銀城牆包圍的迷人城堡。年輕人微笑著走進來。她坐在裡面聽兩位貴族子弟誇讚自己的美貌和才華，並開始為他們唱歌，但在看到那位年輕人時，乍然停頓下來。面對他從容的神態和燦爛的笑容，她尷尬地哭了起來。頓時，那兩顆璀璨的明珠從眼中墜落，滾落地面，然後沒入大地！兩位公子哥兒見她變得雙目無神，嚇得魂飛魄散，以為是妖女，連忙離去。

年輕人看著她，眼中滿是深深的憐惜。他用安慰的語氣跟她說話，說她也許能找回清澈的眼睛。但是她意識到問題因他而來。他的平靜讓她感到尷尬，不知怎的就失去了美麗的珍珠。站在這位賜予她美麗的人面前，她再也無法保持驕傲，就像滿月升起，附近的星星變得不再明亮。小伙子要她把書重新讀一遍，等待那兩顆明珠再度出現，然後撿起來放在枕頭底下。接著他問她是否願意帶他參觀菜園，她同意了。見她過得如此舒適，他顯得很高興。他看了她許久，明白原來是自己的存在導致珍珠掉落，便向她發誓再也不會回來。當他騎上馬離開時，已是傍晚時分。她在他身後緊緊地關上門，認為這樣就沒人會看到她。她不耐煩地等待夜幕降臨，再次閱讀古書，奇蹟果然第二次出現。她的眸子變得清澈如秋湖之水，足以淹沒無數的少年。

幾個月後，大約中午時分，她正在宴請十七位貴族男子時，那兩顆璀璨的明珠再次墜地，消失在人間。她的眼睛又失去光澤，變得醜陋，使得賓客紛紛逃離，認為她必定是個女巫。她悲痛欲絕，搖搖晃晃地走出城堡，下了山，在一個又一個村莊的街道上徘徊，直到夜幕降臨，最後迷失在一個偏遠地區的小村落裡。她敲了一間簡陋老房子的大門，看到應門的就是那位英俊的年輕人，感到有些意外。她淚流滿面，告訴他發生了什麼事。他頓時明白，由於變得如此受人尊敬和出名，她的畫像無所不在，致使他在那天中午無意間在一棵樹上看到她的畫像，想必就是造成她眼中的珍珠掉下來的原因。年輕人答應將前往遙遠的地方，去一個再也見不到她的畫像的地方。為了她的幸福，他願意做任何事。然後他送她回家，建議她再試一次那個神奇的老辦法。

那天晚上，她感到焦慮又激動。他會信守承諾嗎？如果他真的再看到她的照片怎麼辦？她的追求者會永遠拋棄她。女僕見她如此難過，便問怎麼了。她非常地痛苦，便把心裡的擔憂都說了出來。

女僕告訴她，只需做一件事就可解決問題，那就是謀殺這個年輕人，以防止他再次看到她的畫像。這個想法嚇壞了少女，但她越想越覺得真的沒有別的辦法，只要這個年輕人還活著，她的幸福就岌岌可危。於是，兩人想出一個計策，讓女僕去那個年輕人的家，送他一些摻了毒的食物。

辦法果然奏效，年輕人立即死去，少女和她迷人的城堡都安穩了，但情況沒有保持很久。才剛過不到一個月的時間，雖然雙眸很美，小伙子從四面八方來看她，對她讚不絕口，但她的心裡卻壓上了重擔。她一點兒也不平靜，而是感到越來越不安。她再也受不了，遂離開城堡，前往那個年輕人的家。簡陋的房子還在，年輕人生前的老僕人出來迎接。僕人知道發生的一切，帶她到溪畔的年輕人墳前，又回到屋裡，給她做了熱呼呼的飯菜。她問了很多關於年輕人的事，老僕一五一十地解釋，那兩顆珍珠是多年修行淨化的結果，是年輕人身心精華的結晶。年輕人跟老僕人說過很多次，只要她開心，他什麼都不會後悔。在他中毒之際，也明白是怎麼回事，吩咐了僕人，若再有寶珠，便獻給她。少女聽罷哭個不停，意識到自己變得多麼惡毒。為了安慰她，僕人給她看了一張年輕人的畫。在她看到畫的那一刻，兩顆珍珠掉下來，又回歸大地。

她跑出了房子，跑啊跑，直到抵達她的城堡，她詛咒路上看到的一切事物。在看到女僕時，她哭得更大聲。她哭嘆年輕人的死，但主要原因還是為了奇蹟又再消失。女僕告訴她，想再創造奇蹟是沒有用的，因為那些閃亮的珍珠，他的精華，現在已經回歸大地。女僕說：「他肯定對妳充滿仇恨，我敢肯定，這次奇蹟不會再出現了。」她痛哭流涕，詛咒自己的命運。

但在睡覺前，她決定再試一次。她從架子上取下年輕人的書，幾乎讀完整冊，可是仍然沒有珍珠。她想起女僕的話，淚水奪眶而出，但這次只是無聲啜泣。然後，當她讀到書的最後兩個字時，兩顆璀璨的明珠又出現了，在書頁上閃閃發光。她撿起珍珠，悲喜交集，哭了出來，「哦，親愛的人兒啊！我的心可憎又忘恩負義，而你的愛卻無邊無際。」年輕人安靜地躺在大地裡，再次微笑地獻上那兩顆璀璨的明珠。

## 故事背景介紹

本篇故事是在一九五九年為「愛教會愛得太深的人」而撰寫。你可能因為太愛教會，而不被教會當局接納。即使你為教會帶來了很多的榮耀，他們卻會因為驕傲而無法忍受你的存在。本文由釋法鏡翻譯成英文。

# 香積菩薩

南海觀音住在南海，時常出現於越南沿海地區。她出生於印度東部的興林，名叫妙善公主。她的大姐姐名為妙聲，二姐姐名為妙音。她和兩個姐姐都聰明善良，並且對父母妙莊王和王后忠心耿耿。

國王和王后沒有兒子，所以把所有的注意力都集中在為女兒尋找合適的丈夫上，希望年輕的女婿中將有一人可以成為下一任國王。國王和王后對三個女兒寵愛有加，總希望找個優秀的年輕人當她們的丈夫。

妙善公主最為美麗。她的頭髮如雲，皮膚似雪，口似蓮花。因為她排行第三，所以人們稱她為「三公主」。

妙善公主經常請求父母允許她離開宮殿走入人群，觀察人民如何生活，並了解更多他們的幸福和困難。國王和王后都會同意，妙善公主因而知道很多有關平民的真實生活，在王國到處看到貧窮、疾病和不公正。妙善就像佛陀年輕的時候，有著強烈的願望，希望能減輕世間的疾苦，幫助眾生。

在七歲那年，有天妙善公主和兩個姐姐出宮，讓侍從把所有的零食和糖果分給路邊的孩子們。然後，她跑向一個與她同齡的小女孩，張臂擁抱她。小女孩衣衫襤褸，手腳骨瘦如柴。還有一次，妙善公主看到一個女人在街上漫無目的地遊蕩，並且不斷哭泣，懷裡抱著一個剛餓死的嬰兒。她看著女人，眼中滿是憐惜。公主每次出宮，都會帶些食物和衣服，分給老百姓。她的姐姐們從未將這些事告訴國王和王后，駕馭馬車的侍從也都守口如瓶。

自從兩位姐姐出嫁後，妙善公主就不再被允許出宮。儘管如此，她過去看到的貧窮和疾病情景，仍然留在腦海中，她發心要幫助人們。每天完成縫紉和刺繡課程後，公主會獨自在宮殿的花園裡散步，思考如何幫助眾生。

妙善公主十九歲那年，國王和王后覺得是她結婚的時候了。國王把她叫來說：「妳已經到了結婚的年齡，朝中有許多優秀的年輕學者和官員，請告訴我妳想嫁哪一位，我會為妳挑選夫婿。」

國王因為一直專心於統治國家的職責中，幾乎沒有花時間陪伴女兒，所以當妙善公主回答：「父親，我不想結婚，我請求您允許讓我出家為尼。」他感到十分震驚。

事實上，妙善想出家想了很久。幾年前，她看到一位尼師照料小孩，為他們清洗傷口，便決心要成為這樣的尼師，幫助窮人。她觀察到，兩個姐姐嫁人後，就沒有時間去宮廷的花園玩，也沒有時間和王國人民在一起。她們把所有的時間都花在招待皇室賓客以及購買漂亮的衣服上。妙善不想過那樣的生活。她只想和王國的人民在一起，竭盡所能為他們服務。她認為，對自己來說，結婚是一種禁錮。

國王聽到女兒不聽話，勃然大怒，揚言要將她斬首！王后無意中聽到他的怒罵，趕緊前來為女兒求情。她成功地平息國王的怒火，使他只把公主關在宮殿花園裡，不准她進宮。他以為，在露天的光禿禿土地上生活幾天後，她就會放棄出家的念頭。他心想，還有什麼比出家眾的生活更加卑微和艱難？他決心讓她嘗嘗出家的艱苦生活，這樣就會清醒過來。

國王並不了解自己的女兒。每天侍從會給公主端來一碗米飯和一盤鹹芝麻，那是這個國家寺院的基本食物。但是，米飯和鹹芝麻對她來說很美味。在宮殿花園住了一個月後，妙善感到前所未有的幸福。她花時間練習坐禪和行禪，學會只用鋤頭、鏟子和耙子來照顧花床和竹林。王后和兩個姐姐經常來探望，企圖說服她放棄出家的念頭，但妙善公主的心意從未動搖。

國王看出將自己的女兒放逐到宮殿花園，並未達到預期的效果，於是開始設想其他的辦法。他決定，如果允許公主出家，但同時暗中命令寺院住持分配給她最艱鉅的工作，她應當就會改變主意。住持答應配合。妙善公主聽到這個消息十分高興。她在皇城的宇兌寺出家，成為寺院中的三百名尼眾之一。她住在寺院裡，每天凌晨三點起床幹活，一直做到晚上十一點，剝稻穀、挑水、種地瓜、做飯和洗碗，做著三、四個人的活兒。其他尼眾被命令不能幫忙她。除了體力勞動外，妙善還需要研讀佛經，做很多誦經法事。

公主設法一邊切菜一邊研讀經書，一邊耕地一邊念誦佛經。一些小尼師心疼妙善做那麼多繁重的活兒，紛紛暗中幫忙她。妙善去井邊打水，她們去廚房幫她洗米洗菜。當妙善回到井邊時，發現兩個桶子已經裝滿了水，她只需要挑回去。到處謠傳有龍在幫公主挑水，鳥兒在幫她切菜。她從早忙到晚，並且學習和背誦經文。有時候，她甚至比其他尼眾更了解佛陀的教義。六個月過去了，公主沒有感到氣餒或疲憊。

國王快要失去耐心。他心想，那些尼眾沒有讓女兒的生活變得難以忍受，於是下令將寺院燒毀，不管女兒和其他尼眾都在裡面。

一個沒有月亮的漆黑夜晚，國王的士兵包圍了宇兌寺，向寺院寮房射出燃燒的箭頭。尼眾被猛烈的大火驚醒，尖叫了起來，並試圖逃出去。妙善迅速跑到外面，看到整間寺院被祝融吞噬。隨後，士兵們上前堵住出口，不讓尼眾逃跑，妙善從一個逃出去的尼師那裡得知，是國王親自下令燒毀寺院。

妙善痛哭流涕，她知道尼眾都將因為自己而死。她雙手合十，專心一意地念誦十方諸佛菩薩名號，然後咬了小手指，把自己的鮮血灑在火上。剎那間，天穹大開，雷聲大作，下起傾盆大雨。不到一分鐘，火就被撲滅，全身濕透的士兵離開寺院，回到王宮，向國王報告發生的一切。

國王大怒，當晚就下令要殺死女兒妙善。王后懇求他原諒，但國王的怒火無法遏止。妙善的姐姐跪在父親面前，哭著請求赦免妹妹，可是國王怎麼樣也不肯。整個王國都為之震驚，成千上萬的臣民聚集在刑場，為妙善公主祈禱。

那天晚上，妙莊王親赴刑場，準備目睹女兒被處死。火把燃燒的火光沖天，人們圍在刑場四周，高聲慟哭。妙善雙手反綁，被獄卒帶到刑場中央。她心平氣和地向佛陀祈求，請免於父親受到惡報。行刑時間到了，將軍一聲號令，鼓聲開始響起，起初非常微弱，但很快就達到高潮。妙善跪在刑場中央，低著頭，脖子前伸，等待劊子手的刀刃落下。當第三輪鼓聲結束，劊子手向天空舉起閃閃發亮的大刀，突然一陣狂風刮起，吹滅所有的火把和油燈，眾人似乎看到一隻白虎，不知從哪裡冒出來。所有人都嚇得連連倒退，而劊子手閃閃發亮的大刀也掉在地上。當火把重新點燃時，妙善已經不見蹤影。眾人都說，看到一隻大白虎跳過來，把她帶走了。

老虎把妙善帶入叢林，爬上山嶺，越過興林邊界，來到一個陌生國度的高原地區。在到達另一座山脈後，老虎把她放在一棵大樹旁，然後消失無蹤。妙善昏沉地睡著，夢見自己被兩個牛頭馬面的惡魔帶進地獄之門。進去後，她看到說謊的人被拔舌頭，殺人的人被扔到刀林中，不敬父母的人頭戴火圈，自私的人被關在漆黑的房間裡，買賣過武器的人被迫擁抱爆炸物，身體被炸成碎片，貪婪的人被強迫吞下岩漿，行事殘忍的人必須擁抱一根熾熱的鐵柱，直到身體的肉變成焦炭，散發出難聞的惡臭。

妙善以為自己已經死了，也將受到報應。不過，她毫無恐懼感，只有憐憫心。在地獄裡，人人都顯得非常卑鄙，除了護送她的惡魔。他們善良又有禮貌，所以妙善便開口問要帶她去哪裡。其中一個惡魔回答：「親愛的比丘尼啊，妳沒有死，妳來這裡是因為閻羅王要見妳。」片刻之後，妙善來到閻羅王的宏偉宮殿前，閻羅王親自在殿門口等候，雙手合十迎接她，陪著她走入裡面，隨後侍從端來一杯茶和一顆桃子，擺在玉案上。閻羅王請她吃桃，聲稱具有神奇的功效，可以幫她恢復健康。

然後，他問妙善有沒有看到地獄的景象。回想起剛才親眼目睹的恐怖和痛苦場景，妙善不禁合掌，發誓將救度眾生，聲音如此響亮，甚至驚動了天地。地獄中的痛苦哀嚎突然停止。閻羅王合掌稱讚：「妳的慈悲廣大神奇，由於妳的堅定誓願，地獄中的痛苦已大大減少。我不會讓妳留在這裡太久，我會叫使者帶妳回去人間。我知道妳會精進修行佛法，將在今生證悟。」

閻羅王於是讓兩位惡魔把妙善帶回人間。妙善注意到，兩位惡魔不再是牛頭馬面，他們將自己轉化成正常人，看起來非常善良。他們帶著她出去，穿過十道地獄門，之前看到的景像已經消失，地獄變得一片寧靜。臨近一座橋時，英雄般的閻王使者合掌告訴妙善尼師，人間就在橋的另一邊。他們當然不能和她一起過去。謝過使者，她輕輕走上了橋。走到一半，低頭往下瞧，水勢十分兇猛，她暈了過去，掉入河裡。剎那間，她從夢中驚醒。

妙善醒來時，發現自己躺在半山腰的樹蔭下，兩隻手還反綁著，憶起發生的一切。父親派士兵燒毀了寺院，並且下令將她斬首。一隻白虎躍入刑場，將她帶走。她陷入昏迷，被白虎托在背上，做了一個造訪地獄的夢。「我在哪裡呢？」她自言自語。「也許是白虎把我帶到這裡。」

公主發現纏在手上的繩子鬆落。士兵不忍心傷害公主，只是將繩子鬆鬆地綁在她的手腕上。她輕易地解開繩子，鬆開被綁住的雙手。就在這時，聽到一陣馬蹄聲，她站了起來，看到一位英俊的青年出現在眼前。年輕人下馬對妙善點頭致意，她合掌回應。年輕人詢問她的身分，為什麼獨自在山上。妙善告訴他自己的人生故事，年輕人告知，她正在大越領土山羅省的三嶋山上。

這位年輕人是大越的李佛瑪皇太子，正在遊覽王國的美麗風景。聽了妙善的故事後，皇太子深受感動。雖然穿著褐色的僧袍，妙善卻美得如清晨的荷塘。皇太子當即向她求婚，聲稱如果她同意的話，他將帶她去昇龍皇城晉見父親李太祖皇帝。妙善禮貌地回答，自己已經下定決心過出家生活。李佛瑪皇太子也是佛教徒，理解並尊重她的願望。他說：「那麼我請求妳留在大越修行佛法，直到證悟，因為妳若回到自己的國家，可能會遇到危險。

「距離這裡幾天的路程，有一個美麗的洞穴名為香積洞。如果妳喜歡，我可以帶妳去那裡安心修行。香積洞位於河東省美德縣的玉溪村。我曾到過那裡兩次，知道那是能讓你順利修行之處。」

李佛瑪皇太子隨後請公主騎上他的馬。他手握韁繩牽著馬走了三天，來到玉溪村山腳下的一條河邊。在那裡，王子繫上馬，買了一條船，親自划船沿著美麗平靜的河流，把公主送到目的地。河流靜靜地蜿蜒於兩山之間，壯觀的景色縱覽無遺。皇太子指著其中一座形狀像大象的山給妙善看。妙善覺得大象好像是把鼻子擱在稻田裡，象頭的側面顯而易見有一隻耳朵。到了岸邊，皇太子護送妙善上去香積山。他們往山上爬，在太陽快落下的時候到了洞口。皇太子向妙善道別，他在天黑前需要返回玉溪村，然後在翌日一大早回皇城見父親。

妙善欣喜若狂。在香積洞，公主能夠坐禪、念經、洗衣、種菜和睡覺。在宇兌寺接受訓練時，她學到了很多現在用得著的知識。她吃從地裡挖出的根莖類蔬菜，以及許多樹木和灌木叢的果實。幾個月來，她沒有吃任何的穀物。有一天，一位樵夫發現了她，提供一些讓她煮食的米飯。妙善精進地修行，就連坐禪的時候，鳥和猴子也都靠近她，安靜無聲。有時牠們甚至採集果子和香草放在她的面前。就這樣修行了四、五年後，妙善的了悟加深，達到開悟的境界。

她坐在山洞裡，就能看到世間眾生的疾苦，聽到世間眾生的哀嚎。於是，她下山到附近的村子傳道，扶貧治病。許多孩子來找她，她教給他們愛和慈悲。一個男孩和一個女孩問妙善法師，能不能跟她回山上學佛。這個男孩是個孤兒，妙善給他取名為善財。女孩是一個漁夫的女兒，在濁港溺水時被妙善救起來。妙善給女孩取名為龍女。

善財、龍女和妙善法師和諧地住在香積洞裡。兩個孩子都很聰明，聽得懂她教給他們的一切佛法。除了學習語言和經典外，他們還修習坐禪和行禪，也學習種菜和準備糯米飯。妙善法師進山裡採草藥，為鄉民製作藥材時，他們都陪在旁邊。從玉溪村和燕尾村一直傳到美德縣，大家都聽說香積洞裡住著一位能治病的大菩薩。妙善法師總是教導大家，理解和愛是最佳的良藥。兩個孩子並不知道妙善曾經是一個外國的公主，只認為她是一位具有深刻洞察力和巨大慈悲心的人。

善財和龍女是勤奮的弟子，修得很好，成為妙善的得力助手，他們非常敬愛師父，不知道自己的師父已經成佛，但有些晚上會看到內洞放出明亮的光，見到師父端坐不動，額頭和全身上下都散發光芒。有些早晨，坐在泉水旁聽妙善法師講經時，他們注意到鳥兒棲息在附近的樹枝上，魚兒游到岸邊聆聽。兩位年輕的弟子發願要精進修行，達到師父的境界。

一天早上，龍女給師父送梅茶的時候，發現妙善法師的眼神充滿憂傷。龍女問怎麼了，但妙善只說那個早上需要禪修。

在禪坐中，妙善法師看到父親妙莊王躺在興林宮殿裡的床上，四肢癱瘓了。她意識到，這是他過去惡行的報應。國王發動許多戰爭，造成成千上萬的人喪命。他驕傲又暴躁，因此做出很多錯誤的決定。國王現在躺在床上，在極度的痛苦中宣布，如果有人能治好他的病，就會把王位讓給他，作為獎賞。妙善法師未出山洞，使用禪定神力化身為一名年老的藥師，進了宮門。她從宮牆上取下國王生病的告示，告訴侍衛她是為國王治病而來。侍衛將老藥師領進宮裡。

藥師告訴國王：「此病難治，但有一個辦法，就是向一位已經開悟的人，要一隻胳膊和一隻眼睛作為藥物。」

國王大吃一驚，「有人曾經這樣給人胳膊或眼睛嗎？」

藥師跪下回答：「我知道大越的香積山上有一位證悟的菩薩。她是一位大慈大悲的菩薩。如果您派欽差去問她，我想她會給您的。」然後，藥師畫了一張地圖，標明前往菩薩洞的路徑。

國王命令派遣欽差立即前往大越，並將藥師關在宮殿裡，威脅如果欽差無法獲得菩薩的胳膊和眼睛，就將處死藥師。

經過三十多天的翻山涉水，興林的欽差抵達了玉溪村。妙善法師指示善財和龍女在濁港迎接他們。然後，她挖出自己的左眼，砍下自己的左臂，當欽差到達時，交給了他們。

欽差將這些寶貴的東西帶回去，在菩薩的手臂和眼睛的幫助下，藥師調配出藥劑，治癒國王的一半身體。國王現在可以移動左臂和左腿，但右臂和右腿仍然癱瘓。藥師建議再向菩薩要她的另一隻手臂和另一個眼睛。

就連國王也認為這個要求太過分。但是藥師堅持說：「修佛的人慈悲為懷，我相信您派人去問，菩薩一定會獻上來。」

欽差又出發了。他們第二次到達菩薩洞時，她再給了自己的右眼和右臂。當藥物製成並且拿給國王服用後，國王果然完全康復。國王和王后的內心充滿深深的感激和欽佩。國王信守諾言，下令將王位傳給老藥師，但被老藥師拒絕，理由是他的工作是治病，而不是問政。接著藥師二話沒說就走了。

在他生病期間，國王反思自己的過去，意識到做了許多錯事。他懺悔並發願要報答香積菩薩的慈悲，於是命人為自己和王后準備一輛馬車，打算親自去香積山拜見菩薩。

國王、王后和侍從剛剛越過邊界，興林就出現篡位的陰謀。妙莊王的兩個女婿是這場陰謀的主導者，率領自己的軍隊推翻了王朝，奪取王位。大女婿當了國王，二女婿當了丞相。他們囚禁反對的人，包括兩位公主、攝政大臣和其他官員。在香積洞裡，妙善法師看見興林發生的情況。她目睹兩個姐姐在獄中證悟，開始坐禪、念佛和吃素。

妙善和兩個弟子坐禪並進入禪定，然後現身於興林拯救王國。三人化裝成學生，設法讓人民和軍隊奪回王位，釋放被關的無辜人士，並將權力交還攝政大臣，這一切都在五天內達成。事情解決後，三名學生護送兩位公主前往大越，追趕正在朝拜香積菩薩途中的國王和王后。十天後，公主們趕上了隊伍，告知有關政變的所有細節。國王和王后商量了一會兒，決定繼續前往香積山朝拜菩薩。兩位公主也加入他們的行列。

在香積山上，善財和龍女準備迎接皇室朝聖者。妙善法師的兩個弟子都知道，師父曾經是那裡的公主，但現在已經成佛，見解和行動寬厚並且不可估量。雖然犧牲了兩隻手臂和兩隻眼睛，但她千眼千手的法身卻絲毫沒有減少。她擁有數不盡的化身。

善財和龍女在濁港等候迎接來自興林的皇室朝聖者。國王、王后和兩位公主抵達，被請上一艘大划艇，在平靜的河面上輕柔地移動。所有人都安靜不語，只是觀賞天、雲、山、水。河邊的山真的很美。一個小時後，他們到了對岸，開始慢慢地爬上香積山。到了香積洞，善財請國王、王后和兩位公主到石台上休息，龍女則準備梅茶。在稍作休息並喝茶之後，龍女從座位上站起來，領著國王、王后和二位公主到內洞。

兩人緩步向內洞走去，空氣靜謐，就連輕柔的腳步聲也聽得到回音。數以千計的鐘乳石像簾幕般從洞頂垂下，映照出千種顏色。越往洞裡走，日光變得越暗，直到站在分隔洞內外的鐘乳石幕前，四周變得一片漆黑。站在內洞外，妙莊王恭敬地問候救他一命的女尼：「菩薩啊，來自興林的皇室家族，在這裡恭敬地拜見您。」他的聲音在洞中迴盪，然後寂靜下來，沒有得到回答。國王看了王后一眼，輕聲說道：「我是男子漢，去幕後未免失禮，請妳去看看菩薩在不在。」

王后答允請求，手持蠟燭，走到鐘乳石幕的另一邊。內洞比外洞更涼爽，甚至更暗。王后四下張望，忽見石台上站著一個長髮披散在腦後的年輕女子，雙眼被挖空，雙臂被肢解，血液從眼窩和雙臂連接處不停地滲出。菩薩變回妙善公主十九歲時的模樣，讓王后認出是自己的小女兒。王后尖叫一聲，當場暈了過去。

聽到母親的尖叫聲，兩位公主衝了進來，妙莊王緊隨其後。他們都看到沒有眼睛和手臂的公主，一個個痛哭失聲。國王萬萬沒有想到，小女兒竟然還活著，而且為了他犧牲自己的眼睛和胳臂。

妙善走下站立的石台，請眾人就近坐在附近的石台上，然後把自己在山洞裡的美好生活告訴父母和姐姐們。國王對自己的所有過行表達懺悔，當場說：「當你獲得開悟，並能夠拯救我的生命以及王國時，我卻過著悲慘的生活，因為我的緣故，妳失去了眼睛和手臂。我能做些什麼？親愛的女兒，我能為妳做些什麼呢？」他雙手捧著臉，無法控制地抽泣起來。妙善法師安慰他：「如果您和母親發願一心一意地修行佛法，就會結束痛苦，開始救度眾生的事業。您若如此，我的身體將恢復如初。」國王與王后跪下合掌宣告：「禮敬十方諸佛，我們發願修行五戒，斷除貪瞋痴，將竭盡全力保護人、動物、植物和礦物的生命。」

然後，國王和王后抬頭，看到妙善法師恢復了雙眼和雙臂。國王、王后和兩位公主抱著妙善哭泣，並留在香積山學佛修行了一年，然後返回家鄉。

香積菩薩救度無數眾生的消息，從河東省傳到附近省分，一直傳到皇城。李太宗皇帝聞訊，立即組織朝聖團前往香積山朝拜菩薩。他其實就是十年前帶妙善法師去香積洞的李佛瑪皇太子，帶來許多白蓮花供養妙善，那是丁巳年的夏天。

李太宗皇帝非常敬佩香積菩薩的德行。回朝後，皇帝向各地的人民宣布觀音菩薩已在大越國土修行得道。這裡說的，就是南海觀音菩薩。

# 故事背景介紹

這是一篇流傳於中國和越南的故事，由一行禪師在一九八三年重新撰述。禪師首次向法國梅村的孩子們講述這篇故事。香積山位於越南北部，距離河內大約四小時車程和一小時的船程，至今仍是人們朝聖和尋求啟發的地方。這篇故事存在於可追溯至十六世紀的越南喃字（chu nom）。本文由慧嚴法師翻譯成英文。

# 石童

素停止吹奏竹笛，嘗到順著臉頰流下的淚水，混雜著酸甜苦辣的鹹味。她把笛子擱在大腿上，掀起身上穿的農民衣衫的一角，拭去淚水。四月早晨，森林涼爽宜人，聽著春天的嫩葉相互磨擦的聲音，素想起了它們曾經看起來格外嫩綠。但在失明了六個月後，她對顏色的記憶已經開始褪色。

如同過去幾個星期以來的每個夜晚，素昨晚也仔細、甚至可以說是絕望地撫摸著母親的臉龐，她希望永遠記得每一條皺紋。可是，當她嘗試想像兩年前去世的父親時，卻沒有任何形象出現。素摸著長笛想起了父親，他是一個樵夫，帶回這根竹子，並為她把它做成了樂器。他教她如何用乾燥的香蕉葉摩擦笛子，使它呈現濃郁的顏色，並且教她如何吹奏。

父親總會陪著素一起走路去學校，走到香山腳下的岔路。肩上背著彎刀，他繼續走向森林深處，而幼小的素則再翻越兩座小山丘，來到上村路。她背著一個裝滿學習用品和笛子的木箱，一個墨水瓶綁在手指上，隨著步伐晃動。父親用最薄的木材為她製作這個書箱，背起來非常輕盈。僅僅幾個月後，木箱就變得像笛子一樣又黑又亮。

每天素都會從學校回來和媽媽一起吃午飯，父親則在下午背著沉重的木材回家。吃過晚飯後，她和父親會到溪邊或森林裡，悠閒地散步。

每個星期三，一家人會在黎明時分起床，拖著裝滿柴火的大車，前往下村的市集。到了上村時，素就感覺雙腿累壞了，父親會停下推車，讓她坐在木柴堆上。木柴都賣完了，媽媽會去買大米和其他日常用品，還會給素買一份特別的點心。到了中午，他們回家，媽媽會煮一鍋米飯。但是素在星期三從來不會餓，因為吃了特別的點心而感到飽足，於是便請求爸媽允許她出去玩，通常她會走到森林的邊緣。素喜歡在他們家附近的溪邊吹笛子，還喜歡收集她不知道名字的美麗野花。

◇◇◇

然後，父親死了，入伍不到一年，他就戰死沙場。消息傳到家裡，媽媽忍不住哭了起來。素當時只有七歲，不明白死亡的意思。她看到母親悲傷痛哭，讓她感到內心被撕裂。她把媽媽抱在懷裡，明白自己再也見不到爸爸了。他死了，就像她在溪邊看到的那隻鳥，腐爛後化為泥土。悲傷鑽入了素的心中，爸爸再也不會回來和她玩耍或說話，也不會把她抱在懷裡，不會再凝視著她的雙眼。日子一天天地過去，素的悲傷與日俱增。

父親去世後，素留在家裡幫忙打理家務，她煮飯、耕種和擇菜，而母親則到森林裡拾柴。母親背回家的柴火比父親少，所以家裡買不起那麼多的米。晚飯後，素像以前一樣出外散步，總是帶著她的笛子。她會到過去與父親經常坐下來的地方，吹奏他教給她的短曲。

有時在吹奏的過程中，素心裡的悲傷變得異常強烈，以致幾乎無法呼吸。她感覺自己彷彿被一把強大的老虎鉗夾住，嘗試深呼吸幾次，重新提振精神，拿起笛子，創作悲喜交加的曲子。隨著時間的流逝，她創作的曲子越來越多，吹奏這些曲子讓她感覺心中舒坦了許多。哭泣也能帶來一些解脫。淚水從她的心底湧出，哭得越多，她的心就感到越輕盈。

有一天，當素坐在樹林裡，全神貫注地吹笛子時，幾架飛機從頭頂飛過，低得幾乎要碰到樹梢。整座森林因此震動。素抬起頭，看到一團厚厚的白雲。幾秒鐘後，她感到眼睛非常灼熱，並且喘不過氣來。由於無法呼吸，她大聲哭嚎，然後倒在地上，不省人事。她不知道，那些飛機當時正向地面噴灑大量化學落葉劑。

素的母親被飛機的轟鳴聲，以及森林上空的濃雲嚇壞了。她跑出去尋找女兒，但過了一個多小時，才找到已經失去知覺的素。當下她無法使女兒甦醒，便急著跑到上村尋找護士。當她帶著護士返回時，素已經坐了起來，哭喊著說，眼睛著火了。她的雙眼十分紅腫，幾乎看不見東西。護士用棉花蘸藥水清洗素的眼睛，還給她打了針。然後，護士要素的媽媽帶素去地區醫院，那裡離此地約有一天的路程。可是，當她們到了醫院，醫生們也束手無策。

在失明之後，素第一次回到森林，但那裡已經變成一個黑暗且寂靜的地牢。然而，隨後她逐漸開始注意到，在眼睛看得到的時候沒有察覺的事物。在潺潺的溪水聲中，她聽到一個老人在唱歌。她還感覺到，樹枝和樹葉站起來跳舞。在風吹過樹葉的沙沙聲中，她看到成千上萬隻手升到空中，向她揮手致意。

光變得更加明亮，並且開始舞動起來。素察覺到，森林裡成千上萬的生物和諧共處的聲音。從苔蘚毯、樹皮甚至土壤本身，每個生物都在與她交談，向她講述他們的生活。數百首鳥囀，每首都傳達獨特的訊息。素舉起笛子，吹奏出一首首極其優美的新旋律，回應它們。

素開始覺得，上天創造了她，是為了讓她能夠吹笛子，與森林裡的生物交流。有一次，一隻奇怪的鳥朝著她鳴叫，她便吹出一首歌應答。素在腦海裡清晰地看到了那隻鳥：牠有一條長長的尾巴，全身披著金色羽毛，頭上有一撮像皇冠般的白色羽毛。牠明亮且敏捷的雙眼，不停地左右掃視。小鳥唱了一會兒歌，然後停下來。素舉起笛子，吹奏回應。然後，鳥兒再唱一首歌回答，告訴素對她會說鳥語感到驚訝，但很高興能和她一起唱歌。素再吹笛子，向這隻金色小鳥講述自己的故事，並模仿鳥的歌聲。素開心地笑起來，笑聲像黎明時分的一群小麻雀，在森林中蕩漾開來。

連續九天的時間，這隻金色小鳥都來與素相見，透過笛聲進行交流。在那之後，牠就飛走了，沒有再回來。素繼續吹著笛子，但心情感到很沉重。她會先吹奏隱約含蓄的輕柔音符，彷彿要與地底的小生物分享她的悲傷。然後，笛聲變得高亢起來，融入上面的樹葉和樹枝發出的繁雜聲音。漸漸地，素忘記了自己是一個吹奏樂器的小女孩，搖身一變，成了一個與成千上萬朋友一起生活在森林裡的小動物。笛聲與其他生物的叫聲產生共鳴，她與森林裡的樹木合而為一，苔蘚、青草和樹根開始跳起舞來，然後她的痛苦消失了。素出現了變化，淚水從失明的眼裡流淌出來，像春日般溫暖，又像溪水般清涼，讓她感到如釋重負。

素享受著想像中的嫩芽，在冬日的大雨過後所感受到的那種溫暖和輕盈。她記得，化學落葉劑是如何使樹木的葉子剝落。但在那個冬天，異常的大雨沖走了落葉劑，健康的小樹又長了出來。昆蟲和蠕蟲再次到處爬行和飛翔，嗡嗡作響。就在森林恢復生存的意志時，素也振作了起來。

素忽然意識到有人站在她的面前。由於完全沉浸在森林的生命力中，她沒有聽到腳步聲的接近，但肯定有一個散發甜美氣息並且溫柔的少年站在那裡。素從未遇見過呼吸如此細微純淨的人。

她害羞地低聲問：「你是誰？」

對方沒有回答。

「誰在那兒？你叫什麼名字？你來自何方？」她鼓起勇氣再問他。

「石童，」終於傳來語氣遲疑的回答，「我的名字是石童，我來自山上。」

他的聲音宛如一縷雲朵，稍縱即逝，又輕柔地，如同連續九天來拜訪素的金色小鳥的歌聲。石童只說了幾句話，但這些話足以讓素想像出他的模樣。他大約十一、十二歲，五官精緻，圓圓的臉蛋，像芒果一般。他的眼睛明亮且清澈。素喜歡她的新朋友。

她指了指旁邊的樹下，邀請他坐下來。

「請告訴我，石童，你山上的家在哪裡？」

男孩沉默未答。過了半晌，素決定再開口問：「你多大年紀了？小哥哥，十一歲嗎？」

「我不知道我多大，我可能已經非常非常地老了……」

素聽了笑起來，示意他再靠近一點。她舉起手摸他的臉，石童一動不動地坐著，任由素摸索他的臉。是的，他的臉像芒果，皮膚像夏天山澗的流水般清涼。他的頭髮很長，遮住了大部分的額頭，並且垂在脖子上。在摸清楚男孩的長相後，素笑著說：「果然像我所想的那樣，你應該快十一歲，頂多十二歲。告訴我，你的家在哪裡？你的父母做什麼工作？我叫素，我和媽媽住在附近，我父親死了。」

但是，石童仍然保持沉默。他的確很文靜，素心裡想著。他的存在似乎是純真與驚奇的組合。他說過家住在山上，顯然不想多說。她告訴自己，我不應該打擾他。然後，她安靜地坐在新朋友的旁邊。

最後，石童終於開口：「姐姐，請吹妳的笛子。」

素再次笑了出聲：「請不要叫我姐姐，我只有九歲，你應該說：『妹妹，請為我，妳的石童哥哥，吹笛子。』我當然樂意為你吹笛子。」石童照她的話說了一遍，素舉起笛子開始吹奏。

素的笛聲從未如此歡快，在陽光與春風之中，她覺得自己彷彿漂浮在雲端，整片森林隨著她飄了起來，形成一片巨大的雲朵。素的笛子變成裝滿整個春天的大船。她忘記自己是瞎子，忘記父親已經過世。她又回到了從前，在山坡上奔跑，握著父親的手，兩人開懷大笑。素聽到鳥兒的歌聲宛如天空中落下的珍珠，聽到森林、山丘和花園充滿愛意的呼喚，就像母親叫她回家洗腳，然後進來點燈，坐下吃晚飯般地熟悉。

石童安靜地坐著聽。素知道他必定看見了她眼裡的淚水，於是說道：「我在哭，石童，但我並不難過，而是非常非常地高興。」

石童問她：「為怎麼妳從前沒有吹過這麼歡快的曲子？我聽過妳的笛聲，妳吹的曲子通常很哀傷。」

素沒有回答他的問題，而是反問：「當你聽到我吹笛子的時候，你在哪裡？」

「我在山上高處，每天妳的笛聲都會到達山頂。」

「我的笛聲怎麼能傳到山頂？」

石童說：「哦，它可以到達雲端。我每天都聽到妳，聽到妳的笛聲，所以就來看妳。我花了兩天時間走了下來。」

兩天？他的家肯定在很遠的山上，素心中想著。她從來沒有想過，她的笛樂能夠傳到那麼遠的地方。笛子確實幫她找到了一個新朋友。素的新朋友就如一張白紙，紙上沒有任何筆跡、任何繪畫。坐在石童旁邊，素不敢有較大的動作，也不敢像在跟上村學校裡的同學那樣地談笑。她不怕石童，但對這個安靜卻不害羞的男孩，卻是無比地尊敬。他就像一張乾淨的白紙，敞開著，準備好接納一切，她不想粗心地在上面隨便寫字或畫畫。於是，他們兩人就這樣沉默地坐著。然後石童說：「請告訴我，妹妹，山下是什麼樣子？」

素向他講述自己的父母，以及在山坡上茅屋的生活。她還說了說學校、她的老師、市集和下村的人。她說得很慢，停下來解釋她認為他可能聽不懂的詞語。他似乎對她的生活、甚至她的語言知之甚少。她解釋道，市集是人們聚在一起買賣蔬菜、大米、魚和柴火的大地方。石童經常要她停下來，進一步講解更多的細節。這讓素覺得自己像個老師，細心地分享對許多事物的理解。

太陽已經移到正空中，素必須回家給媽媽準備午飯。她邀請石童一起回家。她伸出手，牽著他的手，兩個剛認識的朋友，一起走出了森林。儘管眼睛看不到，素還是帶石童去看院子裡的樹木和灌木、工具、花園，以及他們住的小木屋。她只需要告訴他一次事物的名稱，他就記住了。

素問石童餓不餓，但他似乎不明白餓或吃是什麼意思。這讓素被逗樂了，在把石童帶進廚房時，忍不住笑了出來。素拿出一個鍋子，淘了些米，放在火爐上，然後出去菜園摘青菜。素知道石童在觀察她，最初覺得有點尷尬。他幫她清洗和切好青菜，很快地飯就做好了。

石童和素坐在前門台階上，等媽媽回來。石童問，她的父親是如何被拉去當兵，她是如何被化學劑弄瞎眼睛。當素的母親回到家的時候，素向母親介紹這位來自山上的朋友，告訴她所有的故事，石童什麼也不用說。母親問他，他的家在哪裡，父母做什麼工作，但他的回答很猶豫，使她推斷石童與這場兇殘的戰爭中成千上萬的其他孩子一樣，肯定是個孤兒。於是，她不再問下去，走到院子裡洗手，然後回來叫孩子們坐下來吃飯。

素知道石童吃得很少，事實上，他看著她學如何吃東西。當他們吃完後，素問媽媽石童可否留下來。母親很高興遇見這樣一個有愛心而且溫柔的男孩，馬上就同意了，並建議他們兩個去溪邊散步。

他們坐在溪畔的石岸上，素央求石童描述他所看到的一切。他起初遲疑不決，但不久後，就開始向她描述藍天、白雲以及墨綠色的森林。素的臉上洋溢著喜悅，她覺得自己彷彿可以透過他的眼睛看到一切。她從他的聲音中聽到了大地，深沉而響亮。當暮色降臨，石童變得沉默。素舉起笛子開始吹奏。她覺得自己彷彿站在一座岩石山峰上，迷失在迷霧中，她看到了鳥、大地和風。

母親去喚素和石童回家。她點燃了一盞油燈，端上一頓美味的晚餐，有米飯、檸檬草、胡蘿蔔和蔬菜。石童使用筷子的能力，以及咀嚼和吞嚥都變得更熟練了。吃過晚飯，媽媽找了個墊子，邀請石童過夜。素滿心歡喜，這是她有生以來，第一次讓朋友住在家裡。

翌日清晨，孩子們像兩隻小鳥般醒來。素將新朋友帶到花園裡，教他玩捉迷藏。他們在長滿青草的山坡上玩耍，山坡上點綴著成千上萬的黃色和紫色野花。石童邀請素再和他一起坐在溪邊，他看著天空和大地，將眼裡見到的一切都告訴她。素很高興能夠坐下來聽石童說話，她喜歡他的聲音，他現在說話已經不再有困難。素感覺不僅是一個男孩在和她說話，而且大地和天空也在和她說話。石童停止說話後，素仍然繼續聽到天地的聲音。有石童在身邊，素不再失明了。

午飯過後，媽媽給石童做了一件棕色棉質農民襯衫。男孩模仿素說：「謝謝您，媽媽。」素確信，這個表達讓媽媽很高興，因為她又邀請他，明天跟她們一起去市集。她們每週都會去一趟市集賣柴火。素感到喜出望外，這樣一來，她便可以向石童講述更多新的事物，他也可以為兩人觀看一切。

早上，他們在推車上堆滿了柴火。母親站在車前，把挽具套在肩上，雙手抓住把手。她的身體向前傾，一步步地將手推車拉到市集，注意到車子比平時更容易拉，因為石童和素從後面幫忙推。

從上村到下村，素嘰嘰喳喳地說個不停。她要石童看沿途的一切，並問他是否看到了這個或那個房子、這棵或那棵樹木，這座或那座花園，她認識沿路的所有地方。

下村的市集只是個小型袖珍市集，那天卻來了一百多人。賣完所有的柴火後，媽媽買了米飯、鹽、魚露，以及一把用香蕉葉包著的小活魚。她還給兩個孩子買了橘子餅和年糕。然後，她讓他們把東西裝上車，等她去附近的一家商店買燈油。

孩子們坐在一棵陰涼的鳳凰木的樹根上，慢慢地吃著甜點。素還沒吃完，突然聽到空中充滿了槍聲和尖叫聲。剎那間，市集變得狂亂起來，彷彿一個蜂箱忽然爆裂。子彈從頭頂呼嘯而過，人們紛紛扔下手邊的東西，驚嚇地向四面八方逃跑，尋找掩護。素把石童拉到地上，用手壓住他的後腦勺，不讓他抬頭。緊接著，地面因巨大的爆炸而顫抖，碎屑四處飄落。素和石童渾身沾滿了泥土，他們聽到悲慘並痛苦的尖叫聲，素意識到一枚炸彈落在市集上，許多人被炸傷或炸死。在市集外，槍炮猛烈地四下掃射。意識到媽媽可能受傷甚或死亡，素高聲大喊：「哦，媽媽，媽媽妳在哪裡？」她渾身顫抖，將石童緊緊抱在懷裡，但石童卻從容地坐起來，對她說：「別擔心，媽媽沒事。妳坐在這裡，我去找她。」

石童站起來時，子彈從他的頭頂呼嘯而過，另一場可怕的爆炸震波撼動了市集。素迅速把他拉回來，他們倆又趴在泥地上。第二次爆炸的威力更大，灼熱的空氣爆炸開來，令他們感到宛如被烈火焚燒，他們聽到建築物倒塌的聲音，泥土和碎片如雨點般傾瀉而下。然後出現片刻的寂靜，接著令人心碎的尖叫聲再次響起，但槍聲此時已經沉寂。

素和石童靜靜地躺著，聽著竹屋燃燒的劈啪聲。石童向她描述，持槍的男子綁住沒有槍的平民的手腕，將他們分成幾群，趕著他們向前走。

他說：「很多人都受傷了，我們必須努力幫助他們。」素緊抓著石童的手臂說：「還不行，我們必須等到拿槍的人離開。」

過了一會兒，石童告訴她，現在市集上只有受傷的人，兩人走向一群躺在地上的傷患，這些人一邊呻吟，一邊哭泣。村民們試圖用臨時搭成的竹擔架，幫忙運送傷患。石童告訴素，許多人失去了手臂或手，有些人的腳斷掉了，還有一些人的臉裂開來，兒童躺在血泊中。

越來越多的人從他們的房子裡走出來。當村民們把死傷的人抬走時，素和石童開始尋找母親。石童領著素走到曾經是油鋪的一堆悶燒的灰燼前。

「哦，媽媽，媽媽，你在哪裡，媽媽？」素哭了起來。「有人看到我的媽媽嗎？請告訴我，你是否看到她？」站著旁邊的幾個女人聽到，紛紛搖頭。

「他們沒看到媽媽，我看得出來，」石童說。「他們也在尋找自己的家人，我們走吧。」

他們繞著市集走進村子。雖然素眼睛看不見，但能感覺和聽到周圍的淒涼和悲傷。雖然正處於春天，可是一切都充滿了痛苦和絕望。每次素聽到腳步聲走近，就會開口問：「叔叔，阿姨，你有看見我的媽媽嗎？」每次的回答都是沒有，沒有人看到媽媽。母親不在市集的死傷人士之中，她會在哪裡？他們回到了市集，一位老太太說，她有看到素的媽媽。

「是的，我看到妳媽媽手裡拿著一個瓶子，」她告訴他們，「當炸彈爆炸時，她正離開油鋪，朝著市集走。」

這是第一條有用的線索。素拉了拉石童的袖子，他們繼續在附近搜尋，挨家挨戶地敲門問：「你有看到我的媽媽嗎？她提著一瓶油。」他們尋遍每個角落和難民收容所，但都找不到母親。

暮色降臨，天很快黑了，孩子們也餓了，於是回到巨大的鳳凰樹旁，尋找吃剩的年糕。吃完後爬上推車，推車還停在媽媽離開的地方。夜晚很冷，雖然鳳凰木的葉子保護他們，不被厚重的露水沾濕，但整晚都感到寒冷。他們互相依偎取暖，一直睡到天明。

素一醒來，就知道市集上擠滿了人潮。石童已經醒來，靜靜地坐著，看著她。他告訴她，一群持槍男子正站在四周，與村民交談。素推測是地區總部的政府人員，立刻從推車上爬下來。

「我們過去那裡，石童哥哥，我要請他們幫忙找媽媽。」

素和石童走近一名士兵，素問他：「先生，您能幫我們尋找母親嗎？」

石童也開口了：「先生，我妹妹是個盲人，我們昨天和媽媽一起從上村過來，在交火時她在市集上，我們不知道她現在在哪裡。」

石童流利的言語和禮貌的態度，讓素大吃一驚。士兵沒有回答，而是走到另一個男人身邊，低聲和他說話。第二個男人的聲音凜然，詢問母親的名字。

「我的母親，」素回答，「她是個樵夫，我們家在大老山林附近，靠近上村。」

素推測，這個人應該是這群士兵的指揮官。他轉向村民，詢問有沒有人看到浙嬸。

有人報告，她不在死者或傷者之列。還有人猜測，她肯定是被襲擊者擄走了。指揮官要孩子們回家等待母親。

「不用擔心，如果我們得到她的任何消息，一定會立即通知你們。」

素和石童回到那棵巨大的鳳凰木下，去拿回推車，一邊推一邊拉著車子，設法在下午兩三點的時候回到了上村。石童把素的媽媽買的東西帶進屋子裡，素跟在他的後面。沒有了媽媽，家顯得冷清又空洞。素問石童餓不餓，兩人都不想吃飯，就坐在門口的台階上，茫然地看著前方，良久無語。

石童突然想起素的媽媽在市集上買的小魚，他說，小魚現在肯定都死了。石童裝了一桶水，把所有的魚都放進去。片刻後，他開口說：「除了兩條魚還活者，其他全部死了。剩下的兩條活魚，一條是橙色，另一條是銀色，素，我們去把它們放生到小溪裡。」

石童跪下來，把兩條小魚從桶裡撈出來，將它們放到溪中。素想像兩條小魚快樂地悠游，嘴唇微微放鬆，半帶微笑。但在這個平靜的時刻，她想起了市集上村民的絕望哭嚎。當腦中出現同齡孩子頭骨被壓碎和四肢斷裂的影像時，素變得不安和悲傷起來。她看到了燃燒房屋的烈火，躺在泥地裡的成年人，淌著血的內臟露在體外。她想到自己的母親手腕被綁住帶走。她知道，石童肯定也在想同樣的事，便問他，是否認為會再見到母親。難道母親也像躺在森林裡的小鳥，頭垂在胸前，雙腳交叉般死去？

素覺得胸口沉重的壓力，讓她難以呼吸。她想嚎啕大哭，卻哭不出來，只是在大口地喘氣，覺得她所坐的那塊石頭像被火燒一般發燙。

就在那一刻，石童開始唱一首奇怪而神奇的歌，素從未聽過如此莊嚴美妙的歌聲，初時宛如媽媽做晚飯時，從茅草屋頂升起的一縷薄煙，接著清脆的聲音向四周擴散，懸在半空中靜止不動。然後，再像一隻美麗的巨鳥，張開雙翼，在無盡的虛空中翱翔。巨鳥拍動雙翅，飛在高空中，風在呼嘯，並匯集了四面八方的雲。五色彩雲加入這個節奏分明的隊伍。素聽到松樹在風中搖曳的沙沙聲，以及遠處的春天毛毛雨，灑落在溪邊柳樹上的低語。她還聽見微小的腳步聲，穿著彩衣的孩子們，手牽著手，在綠草如茵的山坡上玩耍和唱歌。

素胸口的沉重消失了，呼吸變得順暢起來。她感覺坐的石頭宛如一朵雲。她聽到天空中如雷鳴般的拍翅聲，然後成千上萬的鳥兒同時鳴叫。突然間，一隻鳥飛得很低，就在他們的頭頂上方，發出如同一串珠子劃過天空的歌聲。素認出這首歌，就是那隻曾經回應她的笛聲長達九天的金色小鳥的歌。她把笛子湊到唇邊，吹起了一首悲傷的歌，就像黃昏的紫色天空一樣悲傷，在頭頂上方盤旋的鳥兒們，都認真地傾聽。素懇求小鳥飛到每個地方，幫她尋找媽媽。簡單的曲調傳達了哭泣、祈禱和懇求，飛向遼闊的天空，然後宛似哀求地墜落到地面。鳥兒散了開來，只剩下一隻金色小鳥，尾巴很長，頭頂長著幾根白色的小羽毛。它又唱了一首短歌，並飛來飛去一會兒，然後與其他鳥兒一起飛回森林。

素和石童沉默地坐著。然後，素問他：「請告訴我，誰教你這麼唱的？」

「沒有人教我。我在山頂住了很久很久，聽著雲風雨霧許許多多的聲音。有一天，我發現我會唱歌。但我只在天地不安、難過、憤怒、烏雲降臨大地和天空快要爆炸的時候歌唱。誰教妳吹這麼美妙的笛子？媽媽教妳的嗎？」

「不是，父親在世的時候，教了我幾首民謠，那是農家的音樂。和你一樣，我聆聽樹木、風、溪流和鳥兒的聲音。但是你的歌聲更美！讓我感覺很棒，恢復了活力，連森林裡的小鳥都飛下來聽你唱歌！」

石童沒有馬上說話。然後他問素：「妳不是讓小鳥幫忙找媽媽嗎？我相信牠們聽到了妳的懇求，會盡力按照妳的請求去做。但是，牠們怎麼找得到一個素未謀面的人呢？妳和我必須自己去找她。」

素歪著頭問：「怎麼做呢？到哪裡去？我們根本不知道她在哪裡！」

「我們不知道，但我們必須到處去找她。請相信我，我知道我們會找到她的，我們不能永遠坐在這裡等她回來。」

素知道她的朋友是對的。他們必須登山涉水，如果一個月還不夠，他們就得找兩個月。如果一年還不夠，他們就得找兩年、三年或甚至四年。他們必須找到她。素知道，一旦找到媽媽，一切都會好起來的。

沒有了母親，昨日和今日充滿了恐懼和擔憂。一旦找到母親，槍手就會停止射擊，兒童就不會再受到傷害，村莊也不會遭受蹂躪。她確信，他們只有一個任務，就是到處尋找母親。她問石童，什麼時候啟程呢？

「馬上就出發！妳還記得那些活下來並返回溪流的小魚嗎？我們現在就必須去找母親。」

素和石童走上山到茅屋中。素在一個大布袋裡裝了食物和炊具，石童把它背在肩上。素穿上父親以前穿的舊雨衣，把笛子斜掛在背上。兩個孩子關上大門，離家去找母親。

◇◇◇

首先，素和石童去了上村。在學校門口，他們問了幾個人，有沒有看見浙嬸，但沒有人看見她。他們接著走到下村，見到幾處有士兵站崗。石童向素描述，曾經豎立著房屋的地方，現在只剩下餘燼，以及仍在悶燒的灰燼。這裡已經變成一個荒涼的村莊，村民正在清理殘破的現場。他們向人打聽是否有看見母親，但沒有人看見她。他們在村子的外圍走來走去，可是，仍舊沒有打聽到任何消息，便繼續往前走。

只要前面的道路一直延伸，他們就一直前行，不知道下一個村落在哪裡。他們翻越幾座山，穿過許多小樹林，卻連一間房子都沒看到。天開始黑了，在過了一座竹橋後，他們停下來歇歇腳，將雙腳放在冰涼的溪水裡。素要石童去找三塊石頭，把鍋子放在石頭上面，生了一堆火，在鍋裡煮了一些米飯。

細長的新月掛在廣闊黑暗的夜空中。對於素來說，在黑暗中吃飯是沒有問題的。她和石童都餓壞了，把整鍋飯吃光光。石童走到溪邊，汲水回來喝和清洗，倆人在父親的雨衣下緊挨著躺下。

當旭日溫暖了沁冷的空氣，他們醒了過來，下到溪邊洗臉，然後再出發尋找母親。素走到石童身邊，挽著他的胳膊。穿過茂密的灌木叢後，他們以為會看到小村莊，或至少幾間房屋，可是茂密的叢林小徑，在他們面前無邊無際地延伸。夜幕降臨，素提議停下來，在她聽到流水聲的地方紮營。在她做飯之際，石童找到一個被樹木和灌木環繞的好地點來睡。他折了許多帶刺的樹枝，將它們放置在周圍，作為保護。

夜裡，素聽到大火的劈啪聲。她伸手碰觸石童，但他也已經醒了，正留神觀察四周的情況。石童緊握素的手，低聲道：「別動，在溪畔附近出現了一堆營火，周圍有數百名持槍的男子，他們剛做完飯，正要吃。」

素和石童聆聽男子們唱著節奏強勁的奇怪歌曲，聽起來彷彿海浪拍打岩石海岸。素在歌聲中感受到一股力量，彷彿他們即將向前衝，踩扁擋在路上的所有障礙。

這群人還唱了其他聽起來比較溫和的歌曲。石童盯著看幾個男子站起來說故事，發現這時所有人的心情似乎開始變得輕鬆。一個髮間佩戴綠色棕櫚葉的男子站起來，右手握著一根長長的手杖，彷彿長矛一般，左手舉著一根燃燒的棍子。他在面前揮舞火焰，唱道：

我們美麗而珍貴的土地啊，我會在這裡恪守職責。
當了三年的兵，拂曉站崗，深夜值班，這是我的宿命，何必抱怨？
士兵啊，讓我們對著竹子和梧桐樹泣訴吧！
我們的痛苦就像傷口上的鹽。

素被這首怪異又淒美的歌曲所感動。她想像自己的父親就如叢林中的士兵，飢腸轆轆，睡在堅硬的地上，淋著雨，生病時沒有家人照顧。素意識到，這些男子與父親沒有兩樣。他們現在正在大聲唱歌，但不久後，他們就會被叢林疾病、子彈或炸彈擊倒。他們會像垂死的鳥兒一樣躺在地上，腦袋蜷縮在胸前，腿和爪子在肚子下縮成一團。這名士兵唱的這首歌，更近似素用笛子吹的歌曲，非常哀傷，訴說著渴望和無可奈何。士兵早先唱的歌聲則鏗鏘有力，猶如暴風雨中的風雨。素不明白這些人怎麼會有如此不同的聲音和感受。

當男子唱完歌時，沒有掌聲，只有良久的沉默。一名男子站出來，批評這位歌手，然後這群人又重新高唱愛國歌曲，充滿戰鬥力和勇氣。他們唱了一會兒，再沉默下來。素和石童聽不見任何動靜，只有大火熄滅時偶爾發出的劈啪聲。倆人靜止不動，很快睡著了。

兩個孩子醒來，發現陌生人已經走了，沒有留下任何痕跡，甚至沒有留下營火產生的灰燼和煤炭。素和石童再度出發，走了一整天的時間，才從森林裡走出來。當他們到達一個小村莊時，夜幕已漸漸降臨。村子周圍環繞堅固的高大竹樁柵欄，整個地區散落著零星的瞭望塔。素和石童決定在市集裡的一個茅草屋頂下過夜，這樣在早晨就不用走太遠，可以馬上探聽媽媽的下落。

半夜裡，素和石童被炸彈的爆炸聲驚醒。槍聲響了起來，有人敲擊銅鐘警告村民。槍聲有時變得密集，天空中爆發出耀眼的火光，光芒照亮每個角落。炸彈炸毀了市集中央的屋頂，鬆散的瓦片和碎屑嗖嗖地飛向素和石童所處的茅草屋頂。大人小孩都害怕地尖叫，士兵憤怒地咆哮。一間間房屋著火了，人們在槍林彈雨下奔跑，互相通報和滅火。攻擊者衝破防線，高吼「前進！前進！」彈火變得越來越猛烈。石童一直想站起來，但子彈從他們的頭頂上方呼嘯而過，素勉強拉住他，趴到地上。但石童很堅決，想要幫助其他人。素像一隻驚弓之鳥，顫抖地趴在地上。房屋熊熊燃燒，人們一個個被殺死，對方的人馬橫衝直撞地濫殺。素不自禁地喊叫：「媽媽！」然後，她忽然坐起來，不怕會被子彈打到，拚命地尖叫。

在停止尖叫後，素簡直不敢相信，竟然聽到石童的歌聲。他走進露天市集，開始唱歌。她喊道：「趴下，石童，拜託！」但他沒有聽到她的話。他的聲音越來越響亮，素聽到風吹了起來，在空中飄動。遠處森林的聲音與他的聲音融為一體。石童無畏地站著，彷彿置身於寧靜的山坡上。素覺得自己的一切悲傷和恐懼都消失，吹起笛子伴奏。接著聽到翅膀拍打的聲音，她知道那些鳥兒又回來了，正在上空盤旋。

戰火接著平息，槍聲變得不再那麼猛烈，尖叫和哭喊聲也安靜下來。素的笛聲響起，為那些被迫成為士兵，戰後沒有歸來的樵夫的命運而哭泣。她的笛聲哀悼在戰火中失去孩子的賣柴人、無家可歸的兒童、在偏遠山口孤獨死去的士兵、被流彈擊中淌著鮮血但無人照料的老婦和嬰兒。天地都聽到了這些哭喊，林中的鳥兒也都聽到了。大人和小孩，甚至剛剛才互相射擊的士兵，現在都放下槍聆聽。素向天地和所有的眾生求助。當她的笛聲停止時，石童的嗓音再次響起。他的歌聲含有對眾生的相互聯結，以及對愛的深切信念，如春風般撫平了所有痛苦。秋天的露水澆熄仇恨之火，神奇的水讓垂死的樹上生出嫩芽。

現在，槍聲沉寂下來，連風都變得安靜。鳥兒也飛走了。素和石童沉默地牽著手，東方露出一絲曙光。

◇◇◇

村莊慢慢地恢復生命力，幾個男人帶著火把出現在濃濃的白霧中。人們呼喚著親人。死者被運走，重建工作展開，並為下一場襲擊預做增援準備，向地區總部發出求助請求。

正在巡邏的一隊男子看到素和石童，由於當地人不認識他們，他們被逮捕了。一些軍人和平民懷疑他們是敵方的偵察兵，威脅要當場射死他們。石童凝視著這些人，困惑不解。他不知道偵察兵、信差和間諜這些詞語的含意。素則是嚇壞了，放聲大哭，趕緊將發生的一切告訴這些人。可是，這些人仍不相信她的話，還好指揮官沒有開槍，而是下令將他們帶到地區總部，移交給民政當局。

中午時分，軍用卡車將他們載到地區首府的警察局。他們吃了一些食物，拿到一條毯子和一個草蓆睡覺。然後又過了三天，他們被帶到省城，被安置在少年感化所。

少年感化所是在一大片土地上，零星散落狹長的低矮建築，四周圍繞插著玻璃碎片的高大圍牆。素和石童被帶到一個房間，房間裡有一名審訊員和一名打字員。素馬上告訴他們，自己的名字叫黃氏素，今年九歲，上五年級，是來自安樂區上村的樵夫黃萬浙和阮氏珠夫婦的女兒。她又說，石童是自己的哥哥，今年十二歲，在父親死後因為必須留在家裡幫忙母親，所以沒有上學。然後，她自豪地表示，父親為國家犧牲了性命。

審訊員要石童講述，對四天前發生在福平的襲擊事件所知道的一切，而且要一五一十地坦承自己是否為叛亂分子工作。石童聽從命令講述倆人尋找母親的所有細節，一直講到被捕為止。當石童說到溪流岸上的持槍男子時，素能感覺到審訊員起了疑心。果然，他沉默地坐了良久，然後命令將石童送去A營，將素送去D營。那個高眺的秘書拉住素的手，並吩咐石童跟他們走。雖然他們被關在不同的營區，但秘書說，他們每天可以見面兩次，在午餐和晚餐之後。她又補充道，他們也可以隨時請求允許，在其他時間見面。

雖然素被允許參加D營學校的所有活動，但她看不到黑板上的字，也無法閱讀書本。不過，對於不需要視力的事情，她倒是沒問題。僅僅五天之後，她就能在沒有嚮導的情況下穿越感化中心。而室友麗是個聰明強悍的女孩，很喜歡素。

石童在學校跟不上學習。他請求允許去素的班級，坐在她的旁邊上課。飯後，她會教他基本的閱讀技巧，不到一週的時間，他就能讀寫簡單的字句。然後，素教他算術，僅僅一天，他就學會了加減乘除。

感化所的大部分孩子都很友善，除了少數比較粗暴，對於欺負和毆打其他孩子感到滿足。甚至石童也曾遭到兩個年長的男孩痛打，原因是在他們恐嚇他的時候，他竟然露出了笑容。石童雖然被打得滿臉是血，但沒有反擊。素碰巧在那裡，跑去尋求幫助。當管理人員趕到時，石童已經倒在泥地上，血流如注。他被帶到醫務室，素請求允許和他坐在一起。從那天起，其他人就開始嘲笑石童是傻瓜，因為他被打卻沒有還手。當然了，素被人們譏笑是瞎子。

年底時，石童因品行端正和學業出色，從感化所被釋放出來，安置在國家監護兒童學校。素被轉到邊和市的盲人學校。當他們被告知各自的新目的地時，心中感到非常惶恐。他們都認為，一旦分開，將永遠找不到母親。但決定已經做出。他們被允許通信，偶爾還會允許石童去盲人學校探視素。

◇◇◇

一個晚上，素被遠處的槍聲驚醒，心中充滿了悲傷。她剛才夢見石童回來，他們並肩行走。從上次收到他的消息到現在，已經有六個多月。她失去了他，就像失去媽媽一樣。

當石童被國家監護期間，素收到他寫來的四封信，她把信放在一個錫罐裡，藏在一堆衣服中。偶爾，她會請一位在學校工作的年輕女子讀信給她聽。當她不再接到他的信後，素立即要求學校的行政部門去詢問他的情況。他們回報，石童因行為不端被轉移到頭頓的勞改中心。

素無法相信石童會做錯什麼事。她從來沒有見過比他更善良溫柔的人。但他從不害怕任何人，即使是當權者。或許，如果她和他在一起，那樣的事就不會發生了，她心想。一個失明的小姑娘，怎麼可能找到她在世界上最親的兩個人呢？

在盲人學校的最初幾個月，素學會了閱讀盲文。當她的手指在硬紙上移動，上面有不同的點狀圖案，腦海會出現一些畫面，使其嘴角浮現一抹笑容。可惜這些書很少。她還學會了用尖筆和盲文打字機寫信。

素也學會編織和縫紉，且是學校音樂團的成員，因為她的笛子吹得很好。然而，學校只允許她吹奏關於和平年代的美好鄉村生活的動人民謠。她對這樣的限制感到不悅，叛逆地吹奏表達自己的痛苦和希望，以及成千上萬像她這樣的孩子的痛苦和願望的曲子。她很難理解為什麼成年人試圖隱瞞真相。她和石童所到之處，都目睹了深不見底的苦難。新年到了，在大家都期盼城市生活能夠安寧幸福之際，卻出現令人毛骨悚然的災難。即使在西貢，整個街區的房屋都被摧毀，腐爛的屍體散落在街上。死亡人數如此眾多，以至於不得不使用推土機將屍體推入亂葬崗中。醫院裡擠滿受傷的成人和兒童。即使是在邊和市，素的學校也遭到砲擊，幾個同學因此喪命。這就是現實，可是每個人仍繼續假裝，什麼大事都沒有發生。

就在前一天，當校車停在市立醫院前面時，她聽到一個小女孩在唱一首鄭公山（Trịnh Công Sơn）的歌[1]。

憐愛雲的淚珠，雲在山嶽沉睡
憐愛樹的淚珠，樹倒在高山上
憐愛你的淚珠，周身血液枯竭
憐愛家鄉的淚，依然瀰漫暢流
憐愛鳥兒的淚珠，鳥飛離山嶽
憐愛夜晚的淚珠，徹夜在守喪

1 譯註：越南著名的現代音樂作曲家 Trịnh Công Sơn 的歌 Giọt Nước Mắt Cho Quê Hương（給家鄉的淚珠）

憐憫妳的淚珠，凋零的國運
無名的淚珠，願留於家鄉

素可以感覺到這個女孩的年紀和她差不多，而且也是盲人。素猜想，為她伴奏的人應該是她的父親，在戰爭中傷殘。他大概沒有別的謀生手段，只能帶著孩子上街唱歌，素心想。當小女孩唱歌時，素聽到了這位盲女對周圍發生的事一清二楚。這讓素感到納悶，成年人的眼睛是做什麼用。

就在一兩天前，素做了一個奇怪的夢，在夢中與石童一起四處流浪，尋找母親。那是一個炎熱的夏日早晨，他們站在一座小山上，天上有七、八個太陽，還有月亮和星星！她簡直不敢相信，太陽和星星竟然同時出現！氣氛充滿了歡樂，就像過節一樣。

突然間，爆炸聲響起，太陽開始崩裂解體，然後掉了下來。天色變暗，月亮和星星都消失了。痛苦的哭聲從四面八方傳來，她知道，因為失去了母親，才發生這些可怕的事。她知道，如果能夠找到母親，天空的太陽就會恢復光芒，月亮和星星也會重新出現。她在黑暗中踉踉蹌蹌，聽到成千上萬失去母親的孩子的哭聲。

這時石童不知從哪兒冒了出來，手裡拿著一朵向日葵，一朵很大的向日葵，像邊和的柚子那麼大，並且發著亮光，他把它像油燈一樣地舉起來，為兩人照路。素和石童走進陷入深沉黑暗中的大小村落。在每個地方，石童都舉起向日葵唱歌。有一次，他們停在一排擁擠的房子前面，這些房子像一座山，在黑夜裡寂靜涼爽。石童舉起向日葵唱歌。半晌後，一扇窗戶打開，散出微弱的光。然後，越來越多的窗戶中出現黑暗的人影，向素和石童打手勢。兩個孩子聽到猛獸的咆哮聲。隨著咆哮聲越來越大，越來越接近，素拉住石童的手，奮力逃離。

場景從村落轉變成茂密森林。石童拿著那朵明亮的向日葵，照向灌木叢、樹木和石頭。然後，他們置身於海龍王的國度，在花的光輝中清晰地看見一條條的魚，和一根根海藻。素和石童到處遊歷，探究一切事物。他們遇到一個白髮蒼蒼的老人，他遞給石童一個像南瓜般又大又圓的東西。它像珍珠母貝一樣閃閃發光，他稱它為龍宮的太陽。他告訴他們，可以借用一下，返回陸地尋找母親。當素伸手去拿這個閃閃發光的物體時，忽然醒了過來。

她嘗試再度入睡，想要繼續做夢，但被遠處的槍聲驚擾。於是她坐了起來，打開窗戶。涼爽的空氣流入房間裡，令她感到神清氣爽。她把手伸到床沿，摸到笛子。她將笛子舉到唇邊，開始吹起輕柔的樂音。

素吹了很久，直到聽到其他的聲音。那是在森林裡與她交流九天的金色小鳥。素喜出望外，因為小鳥告訴她石童來了。她舉起笛子，用音樂詢問小鳥是否如此。是的，那隻鳥告訴她，石童回來了。她把一件夾克披在肩上，手裡拿著笛子，打開門，走到院子裡。金色小鳥在頭頂的正上方盤旋。到了門口，她把門閂拉開，推開門，走了出去。然後，她聽到有人叫喚她的名字。

她轉過身，是石童。他衝到她的身邊，將她抱在懷裡。素站著不動，輕聲哭泣。然後他們聽到小鳥在天空中發出叫聲，石童告訴她，我們現在走吧，趁天還沒亮。他拉著她的手，兩個孩子順著學校的圍牆，尋找出城的路。金色小鳥一直在他們頭頂上盤旋，為他們指路。

素抹去淚珠，問道：「石童，我們現在要去哪裡？」雖然只是過了九個月，但石童似乎老了九歲，素相信他知道這個問題的答案。

「我們先出城，然後可以試著找回大老山林的路。我們必須回家，看看媽媽有沒有回去。然後，我必須回到山上，因為我已經離開十二個月了。」

「但是，你怎麼知道該走哪條路？家那麼遠，我們會迷路的。」

「素，別擔心，金鳥會為我們指路。它從諒山一路陪著我，幫我找到了妳，不是嗎？」

是的，石童是從北方的森林和山脈一路來到她的身邊。素欣喜若狂，如果他能找到她，他就能找到母親，她想。

素想起昨晚做的夢，那個白鬍子老頭給了他們一個太陽，像南瓜那麼大，像珍珠母一樣閃閃發光。她告訴石童這個夢，說也許這個夢是對即將發生的事情的預兆。她挽著石童的手臂，緊貼著他一起走，他專心聆聽她的每句話。他要她講述，自從被送到邊和盲人學校後發生的一切事。他默默地聽著，偶爾對不清楚的地方提問。很快地，他們就到了城外，進入橡膠林的深處。他們走了一整天，總共只休息兩次。金色的小鳥在頭頂飛舞，忠實地陪伴他們。到達一條人造運河後，他們發現一艘廢棄的獨木舟，便將其作為過夜的避難所。

素和石童走了幾天的時間，朝著西北方向前進。他們穿越一片香蕉林，裡面長滿了成熟多汁的水果，他們吃了這些水果，並飲用附近的溪水。他們再穿過一片竹林，摘了一些竹筍，使用乾竹葉升起火，在火上烤竹筍吃。他們在叢林中覓食了幾天，直到抵達幾個月前看到士兵在溪邊露營，圍著營火唱歌的空地。素還記得，那個男人唱的那首關於士兵戍守孤獨的邊陲，遠離家鄉的悲傷歌曲。

這幾天在路途中，石童向素講述在國家監護兒童學校的經歷。他結識了許多父親或兄弟死於戰火的學生。他們組成一個合唱團來表達對和平的嚮往，他們唱的歌曲令每個人感動無比，無論是大人或小孩。然而，很快地，也許聽眾的反應過於熱情，學校的行政部門開始限制可以演唱的歌曲。石童等人拒絕唱指定的歌曲。不管是威脅或懲罰，或隨後誘以特殊待遇或哄騙，都無法動搖他們的決心。最後，學校認定石童是教唆者，將他開除，送到頭頓一所非常嚴格的軍校。

在軍校裡，石童遇到許多志同道合的男孩。有一天，他和一群朋友向學校提交一份請願書，表達他們不想接受成為戰士的訓練，而是希望接受培訓成為社工人員。他們可以幫助村民重建家園以及參與農耕，成為爭取早日結束戰爭的全國運動的一份子。軍校學生竟然搞這種顛覆性的活動，這一點就足以引起巨大的騷動，不僅在校內如此，還引起了更高層的注意。石童被指控為敵人進行宣傳，被帶到志化監獄。

在監獄裡，石童看到許多手臂繫著鐐銬的僧侶。他問他們做了什麼事，他們告訴他，因為公開呼籲雙方停火以及討論和解，因此遭到監禁。石童被送入監獄裡的第二個星期，三百名僧侶和近兩百名其他囚犯開始絕食。一天晚上，石童被粗暴地搖醒，並被帶到一個房間。他被指控利用他的歌曲煽動僧侶絕食，被戴上鐐銬，帶到越南中部的一個政治犯集中營。

在集中營裡，石童遇到一個非常古怪的道士，他的頭髮長得蓋住了兩隻耳朵。他很瘦弱，但雙眼銳利有神。他身上穿著棕色農民服裝，經過多次洗滌已變成蒼白的泥土色。這個不尋常的人總是隨身帶著一個籠子，裡面有一隻貓和兩隻老鼠，但貓從來沒有傷害過老鼠，讓人們感到非常驚訝。

老和尚告訴石童，他帶著籠子去了省指揮部，請求謁見司令官。在請求碰壁後，他在正門口坐下來，拒絕離開。人們紛紛停下來觀看，老和尚樂得向任何願意聽的人解釋，「我是來告訴政府，如果一隻貓可以和兩隻老鼠和平相處，我們人為什麼不能和平相處呢？我們必須馬上停止互相殘殺，開始重建家園。」

有人聽罷感動落淚，也有人批評他愚蠢和天真。他們說，沒有貓和老鼠可以一起生活，這個和尚瘋了，把他關起來吧。果然，老和尚最終鋃鐺入獄。

現在，他看著石童，指了指籠子：「看，它們在一起一個多月了，貓並沒有吃老鼠，不是嗎？」

石童喜歡聽老和尚講故事。他說他跑遍了東部的村莊，收集子彈和炸彈碎片來鑄造一個大鐘。每天晚上他都很晚才睡覺，敲擊深沉和莊嚴的鐘聲。他希望鐘聲能進入人們的心中，使他們覺醒，了解眼前有各式各樣的選擇。他告訴石童，我把這些鐵片做成了寺廟的鐘，我幫助它們走上佛陀的和平之路。石童想像，致命的鐵片追隨佛法，這令他感到非常歡喜，縱使他知道，這樣的言論只是證實這個老和尚確實瘋了的猜疑。

老和尚和石童成了好朋友。有一次，他們與數百名囚犯一起絕食。一週之後，他們都被帶到南越最北端的廣治省，被命令向北步行到分隔南北越的邊海河的橋上。一名身穿迷彩服的南越軍官，在他們離開時對他們說：「去吧！在那裡你們會有很多絕食的機會。」

當他們到達橋的另一端時，受到北越當局和當地人民的熱烈歡迎。被問及為何被逐出南越，老和尚和石童述說再簡單不過的事實，人人似乎都很高興聽到他們的答案。後來，一位官員私下告訴石童，他應該說南越人民過著悲慘的生活，北越應該派遣年輕人南下拯救同胞，並且將外國士兵趕出家園。

石童仔細聽著，但他知道他們說的不是真話。是的，在南越有人靠著剝削他人發戰爭財，而且每天都有成千上萬的士兵和平民喪生。南越政府確實竭盡所能地隱瞞戰爭的真相，並鎮壓任何鼓起勇氣呼籲進行談判、結束這場自相殘殺的人。但是，南越的老百姓也因為北越士兵而遭受極大的痛苦。由於兄弟鬩牆，數百萬人失去了家園和親人，甚至失去自己的生命。相同種族和歷史的人無法坐下來解決分歧，大家都承受著痛苦，這才是苦難的真正原因，而非遭到外國勢力的利用。但是，雙方用來摧毀彼此的槍械和子彈都是外來者帶來的。在官員離開後，石童向老和尚透露自己對戰爭的想法。老和尚點頭同意。

接下來的日子裡，老和尚和石童進入大大小小的村落，拜訪北越的鄉下老百姓。他們所到之處，都看到人們一貧如洗，儘管沒有像在南越那樣遭受嚴重的破壞。小村落裡似乎只有老人和小孩，身強力壯的人都去從軍了。

眾人聽石童談起南方的真實情況，才知道自己被瞞騙。他們一直以為自己的兒子和兄弟南下與外國入侵者作戰，現在恍然大悟，原來是自家兄弟正在互相殘殺。村民們經過商量後，決定去找省委要求讓他們的兒子回家。老太太們痛哭流涕，抱住石童，告訴他自己的兒子在戰場上陣亡，但不知道死在哪裡。當地幹部向上級匯報這個情況，老和尚和石童被強行分離並帶走。老和尚哈哈大笑，然後念給石童聽他的幾句詩[2]：

怎樣也不怎樣
若能怎樣也不做什麼
做什麼也不做什麼
若有辦法也不怎樣

石童被帶到再教育營，在那裡被強迫進行艱苦的體力勞動，只能吃很少的食物且睡很少，而且還須絕對服從。在學習期間，他只能聆聽和記住他被告知的內容，不能發表任何與官方路線違背的言論。石童驚訝地發現，在北越，被掩蓋的真相與南越一樣多。也許官方的謊言還更加完整，而且紀律更加嚴格。他也意識到，即使他被允許說話，也將無濟於事。由當局召集的公民會議上，人們像機器人般舉手或放下。他們已經接受了長時間的訓練。他也看到，當他們上下移動手臂鼓掌或譴責這件事或那件事時，臉上的表情冷漠，沒有流露任何情緒，只有順從和接受。

有一天，在一場政治學習課上，空氣像夏日暴雨來臨前的天空，令人窒息，石童唱起歌來。所有人都轉頭看他，不再聽官方演講者的話。說話的人起初很生氣，但過了一會兒，歌聲也流淌入他的體內，他低頭坐了下來，與其他人一起聽。

石童被轉移到另一個再教育營。他的懲罰是從河靜省步行到諒山環境惡劣的山區的一個營地，那裡的囚犯甚至連最基本的醫療保健和營養都被剝奪，許多人因為如此而半癱、失明或生壞疽。

有一天，石童在一名幹部的監視下在森林裡砍柴，突然產生回到山上的家的衝動。忽然間，湛藍的天空中出現了一座高山。幾顆巨石形成一個突出岬角。每個晚上，露水都會匯聚在如同向日葵般大小的岩縫中。飲一口這個神水，生生世世的痛苦、飢渴和折磨便都煙消雲散。

石童思忖，如果素能爬上那座山，喝一口神水，捧水來洗眼睛，或許就能恢復視力。石童邊想邊唱起了歌。那個幹部無法置信地看著他，突然間，從森林的各個角落，傳來了拍翅之聲。鳥兒填滿了天空。然後，石童聽到金色小鳥的鳴叫。他高喊小鳥帶他去找素。

石童和金鳥花了兩個星期的時間，才到達邊和。當他們走近盲人學校時，石童聽到素的熟悉笛聲。素走入校門，石童向她講述那個岩石裂縫裡的神奇露水，可以治癒她的眼睛。素心中升起了巨大的希望，感覺到神水已經開始發揮療效。

素和石童興奮地聊著，不知不覺就到了上村。舊村莊看起來頹圮空蕩。石童看得出來，戰爭連這個不起眼的角落也沒放過。他認出了素過去住的茅屋，高興地哭出來。素將手放在胸前，感覺自己的心在狂跳。她問他：「石童，房子還在嗎？你想媽媽會在裡面嗎？」

石童看見茅屋完好無損，但沒有任何人的蹤影。他們越過溪流，沿著小路往山坡上走。石童推開竹門，領她進門。現在，素不再需要嚮導了，因為她對這間茅舍的每個角落都瞭如指掌。她直接走去廚房，然後到後面的水池，接著走去菜園。可是，無論走到哪裡，她都只感覺到空洞。顯然，從幾個月前的那個星期三開始，她的母親就再也沒有從市集上回來過。素悲痛欲絕，走了出去，坐在門口的台階上。

石童要她和他一起去溪邊。他提醒素，他們曾經把兩條魚放生到溪裡，一條是橙色，另一條是銀色。「妳知道，他們和我們在同一天展開旅程，我想知道牠們是否找到母親。如果是那樣，我們可能會在這裡又見到牠們。」

素在腦海中看到了那兩條小魚，一起游來游去。她希望牠們在尋找母親的過程中，沒有分離。如果牠們曾經分離，她希望牠們會像她和石童一樣，再度團圓。想起那兩條魚只有兩根手指那麼小，她的唇角勾起一抹笑意。一年過去了，牠們一定長到像她的手那麼大！

◇◇◇

素和石童在茅舍裡過夜。翌日，他們一大早就起床，朝著大老山林走去，從那裡可以步行到山頂。小路變得越來越陡，最後石童再也看不到那隻金色小鳥，但他也不再需要嚮導了。爬山變得越來越困難，特別是對素而言，但他們仍繼續前進。經過三天的艱苦跋涉，隨著黃昏的降臨，他們終於到達山峰底部。

「素，再往前走一點就到了。不過，讓我們在這裡休息吧！」他說。他把她帶到一塊大而平坦的岩石前，要她坐下來。石童見到素的額頭已經被汗水浸濕，便拿起一片大葉子幫她搧涼。素坐下來，深呼吸一會兒，開始感到恢復體力和喜樂。她意識到，周圍的空氣格外清新涼爽。素聞到一股香味，想知道是否是植物和花朵的味道，或者是天空和雲。她產生了一種輕鬆感，一種漂浮的感覺。這裡是石童的誕生之地。

她問：「石童，上面有房子嗎？你會帶我去你家，對不對？去見你的父親和母親？他們將很高興又見到你。」

石童回憶，素和她的母親第一次問他，關於他的家和家人時，他是多麼難以開口。他們以為，他對談論自己失去父母感到非常痛苦，便沒有繼續追問。但現在石童暗忖，他必須說實話。他放下大葉子，告訴素：「這就是我的來歷，這是我所知道的一切，我不像你那樣有父親和母親，這裡沒有房子，我是很久以前出生的。有可能自出生以來，滿月已經翻過這座山峰一千次，也許一萬次。我日日夜夜坐在這裡，聽著天、雲、雨、風、花和鳥的歌聲。沒有人教我，我自己就會唱歌。」

「但每個孩子都有父親和母親，你一定也有父母吧！他們是誰？」

「正如我所說，我不知道。或許天地孕育了我，也許是石頭把我帶到這裡。但是素，瞧，我真的有媽媽！我的母親是浙嬸，妳的母親，妳慈祥溫煦的母親。妳和我都是媽媽的孩子，我們只找了一年而已！」

素的睫毛上流下一顆淚珠。她意識到石童是對的。母親在生下她的同時，也生下了天地、房屋和樹木。沒有母親，怎麼會有森林、田野、草地和花朵？沒有母親，怎麼會有石童？現在對素來說似乎很明顯，多虧自己的母親，石童才來到這個世界上。就連那兩條小魚都是媽媽生下來的，牠們現在也在找媽媽。素頭也不抬地問：「石童哥哥，你認為我們能夠找到母親嗎？」

「是的，我當然相信，我們會找到她的，她恆常不會消失。她孕育了天地、森林和田野，如果這些都存在，她也在這裡。我們必須做的只有一件事，那就是找到她。一旦我們找到她，一切都會好起來的。一旦我們找到了她，人們將不再互相殘殺，村莊將不再被摧毀，孩子將不再迷失。我在找媽媽，妳在找媽媽，兩條小魚也在找她，連老和尚都在找她。我認為她也在尋找我們。是的，素，你不這麼認為嗎？媽媽恆常不會消失。總有一天，我們會找到她的。」素沒有說話。自從認識石童，她始終相信他的話。現在他又在和她說話了。

「我曾經坐在這裡，聽著妳的笛聲從下面的森林裡飄過來。我能聽到妳的聲音，就像妳坐在我身邊。我聽到了妳的音樂，我知道妳很痛苦，這就是我下山的原因。我下山為妳唱歌，作為妳的眼睛，妳的嚮導。我們是兩個人，但我們肩並肩地走著，合而為一。事實上，妳和我是一體的，因為我在妳之內，妳也在我之內。妳現在可能無法理解這一點，但終有一天妳會明白。而一旦明白了這一點，無論妳在哪個地方，妳都會體悟到我與妳同在。

「瞧，今晚的月亮幾乎圓了，現在是四月的滿月，去年的這一天，我下了山。你現在恢復體力了嗎？從這裡到山頂只須走很短一段路。」素站起來，石童伸出手臂挽著她，兩個孩子在皎潔的月光下走著。

不一會兒，他們就到了山頂。石童找了個地方，讓素背靠著一塊平坦的岩石坐下來。風完全靜止，感覺整個森林非常遙遠，平坦的岩石是一塊被浩瀚海洋環繞的小島。風輕輕地吹過，吹拂素的臉，使她的臉頰感到清涼，甚至有點冰涼。露水滾落下來，素聽到石童的腳步聲走近，然後是他的聲音。

「我們必須等到午夜，才能收集到足夠的露水。」石童停止自言自語，再回到素旁邊，坐下來說：「月亮很亮，但山下的霧氣遮蔽了一切。在山上這裡也有霧，但很稀薄，我們仍然可以看到星星。時間飛快地流逝，不是嗎？自從我下山後，滿月已經出現了十二次！」

他把手環繞素的肩膀，繼續說道：「明天我們可以順著旭日方向回家，妳會想在溪邊停下來，看看那些小魚有沒有游回來嗎？素，妳在想什麼？」

素回答：「我在想你來盲人學校那天晚上，我做了一個夢。你拿著一朵大向日葵，它發出淡淡的幽光，亮度剛好足以讓我們看到前方的路。是的，我能夠看見，就好像根本沒有失明一樣。石童哥哥，有你在我身邊，我不再是個盲女。你是我的眼睛。」

月亮就在孩子們的頭頂正上方。已經是半夜，四周非常安靜，石童去看了下石縫。「素，現在那裡填滿了露水。」

石童返回，扶著素沿著險峻的小路慢慢爬上山頂。當他們到達那裡時，石童解釋：「這是神奇的甘露，我的妹妹。我把它舀起來給妳飲用，和洗妳的眼睛。妳會感覺比以往任何時候都更舒暢。妳可以在幾個月裡不吃不喝，仍然活著，妳的身體會很健康，頭腦也會很清醒。這甘露會讓妳恢復視力。」

石童小心翼翼地將手掌心合在一起，捧著滿滿的甘露。素感覺時間彷彿靜止，月亮和星星彷彿從頭頂上方莊嚴地觀看。素在水底王國遇到的白鬍子老者，正站在石童身邊，準備遞給她一朵大向日葵。素跪在石頭上，膝蓋開始輕輕顫抖。石童把手移到她的唇邊，她滿懷敬意地啜飲露水。素覺得自己變了，一股輕鬆的感覺湧上心頭，並傳遍了全身。她深吸一口氣，感到所有的恐懼、擔憂和痛苦都消失了。石童一次又一次地合掌捧著珍貴的甘露，給素洗眼睛。

然後，他把她帶到一塊平坦的大石頭上，讓她躺下來，再把夾克蓋在她的身上，說：「蓋住妳的額頭，妳現在可以睡了，我會守在這裡。」

素靜靜地躺著，四周萬籟俱寂。她再次覺得自己彷彿置身於一個漂浮在大海中的小島上，遠處的風沙沙作響，偶爾會聽見露珠落到地上的聲音。她也聽到石童規律且輕柔的呼吸。她對自己說應該睡覺了，但仍繼續聽著石童的呼吸聲，覺得它似乎與微風的呼吸融為一體。

◇◇◇

素在鳥兒的歌聲中醒來，伸出一隻手遮住眼睛，被陌生又熟悉的景象所震撼。那是陽光！她不再是瞎子。素用手摀住眼睛，光線太刺眼了，但她仍試著從指縫間張望。這裡和那裡，她看見了石頭和天空。片刻之後，她將手從臉上放下來。

首先，她看到了一塊巨大岩石，有父母的茅舍的三、四倍大，矗立在廣袤晴朗的藍色天空中，天空從山頂向外延伸，曲曲折折地環繞山脈的四面八方。她感覺自己正站在一個孤島上。

素轉身，看到下面的森林和群山還沐浴在晨霧中，天地浩瀚和深邃，讓她覺得已經逃離充滿痛苦和悲傷的生活。

她環顧四周，沒有看到石童。她呼喚他的名字，叫聲在虛空中散開，碰觸樹木、霧氣和石頭，然後傳了回來。但仍然沒有任何回應。她使盡全身力氣再次高喊他的名字，依然沒有回應。

素開始感到恐慌，爬上最近的一塊岩石，朝日出的方向張望，沒有任何人影。然後，她在山峰最頂端看到一個形象，令她屏住了呼吸。那裡有一塊岩石，宛如石童的模樣、形狀和體態。是的，那是石童，正在向她招手。

多麼奇怪，失明的時候，她從未見過石童；然而她卻能依據岩石的形狀認出他。那是先前聽他的聲音，觸摸他臉上的線條和形狀時構築的形象。現在，她第一次親眼看到了他，也許就只有這麼一次。

素揉了揉眼皮，再次凝視。石像不再向她招手。雖然還是很像石童，但他已經回到了原來的地方。他又變成了石頭。

「日日夜夜，坐在山頂，聽天、雲、雨、風、花和鳥的歌聲。雖然沒有人教我，但我會唱歌。」現在素明白了，石童一天前的話。我在很久以前出生，自出生以來，滿月已經翻過這座山峰一千次，也許一萬次。

「石童把我孤獨地留在這個世界，」她想。「他既然來陪伴我，為什麼不永遠和我在一起？」

「事實上，妳和我是一體的，因為我在妳之內，妳也在我之內。妳現在可能無法理解這一點，但終有一天妳會明白，一旦明白了這一點，無論妳在哪裡，妳都會體悟到我與妳同在。」

素彎下腰哭泣，畢竟她還只是個孩子。她哭到太陽升起高高掛在頭頂上方，又繼續哭到太陽落下。石童離開了她，他不疼愛她了，她想。母親離開了她，而現在，連石童也離開了她。她孤單單一個人，怎麼可能找到媽媽？

她突然希望自己再度失明，這樣一來，石童就會陪在身邊，跟她說話，讓她觸摸他的手和臉。她眼裡噙滿淚水，將笛子湊到唇邊，把所有的痛苦傾注於樂音中。就連從山邊飄過的雲也停了下來，聚集在她的四周。金色小鳥回來了，開始歌唱。素停止吹笛，專注聆聽。雖然是鳥兒的歌聲，但她知道牠在對她說[3]：

3 譯註：一行禪師的詩 Một mũi tên rơi hai cờ huyễn tượng（一支箭射落兩面幻象之旗）

你是否記得母親帶我歸來的首日
藉由五蘊聚合，你才見得我顯現的模樣？
明天，當這顯現消失
請微笑
並坦然將我尋回
透過已生和已滅的聲色來尋我
覺知我依然真實
未曾離開
未曾到達

素靜聽金色小鳥的歌聲，知道這是石童親口的話。儘管不明白其中的含意，但她仍努力將每字每句刻在腦海和心中，這樣就永遠不會忘記。她舉起笛子吹奏，問小鳥石童為什麼要離開。但鳥兒又重覆唱同樣的歌。

素知道，鳥兒在向她傳達一個訊息。她無法進一步理解，便慢慢地放下笛子。沒有了石童，她怎麼可能獨自下山？然後，她的腦中閃過一道光，對著自己說，我已經恢復了視力，可以自己下山了。她回憶起才在一天之前，自己曾經對石童說：「哥哥，有你在我身邊，我不再是瞎子，你是我的眼睛。」既然現在已經看得見事物，石童當然隨時都與她同在。

她領悟了石童的話。「事實上，妳和我是一體的，因為我在妳之內，妳也在我之內。妳現在可能無法理解這一點，但終有一天妳會明白，一旦明白了這一點，無論妳在哪裡，妳都會體悟到我與妳同在。」

一滴溫熱的淚珠順著臉頰滑落，撫慰著她充滿悲傷的心。難怪石童告訴她，明天，我們將沿著旭日的方向回家。石童當然與我同在，她想著。

素抬起頭，望著天空、白雲、岩石和樹木。她知道石童也在望著它們，看見它們，並將它們的影像傳遞到她的眼睛裡。樹木和風的聲音是他的聲音。她只需要傾聽，就能聽到他的聲音。從此，她知道，石童不僅在她體內，而且無處不在。

山頂的岩峰，確實就是石童。素現在不打算下山了。她想在這裡度過當天的剩餘時間，因為她現在對石童說的話深信不疑，她有的是時間。母親還活著，她會找到她的。

她會去找，但不是一個人去，因為石童與她同在，他們會一起找到媽媽，就像那兩條小魚一樣，就像老和尚一樣。素確信，當她找到媽媽的那一天，所有戰爭都將停止，人們將停止互相殘殺，停止摧毀彼此的房屋，不再使那麼多的孩子像流浪動物一樣，四處遊蕩。

素想向石童表明，她確實明白了他教她的東西。她把笛子舉到唇邊，天與雲，山與樹，都靜下心來聽她的笛聲。

## 故事背景介紹

這是一篇於一九七九年撰寫的故事，講述的是和平，更重要的是，還講述了愛。當我們了悟真愛，就會關心所有的生命，並且克服一切苦難。金色的小鳥和海底的老人喚起了越南創世神話的意象，請參見一行禪師的著作《*A Taste of Earth*》（Parallax Press，1993）。對村莊的襲擊、監獄營中的狀況，以及尋找父母的孩子的困境的描述，都基於作者親眼目睹或直接聽說的實際事件。古怪的道士是基於著名的宗教人物「椰子僧人」，他飼養了一對能夠和睦相處的貓和老鼠，還用彈殼碎片鑄造一個大鐘。在石童被監禁期間，大家了解到三百名僧侶因拒絕入伍而被關在志化監獄。這些僧侶在一九七四年三月二日開始絕食，持續了一個月的時間，然後被分配到不同監獄囚禁。如果你是基督徒，石童就是耶穌。如果你是佛教徒，石童就是佛陀，他讓你看到事物的實相。如果你勤於修習，他和你可能合而為一。本文由 Vo-Dinh Mai 翻譯成英文。

# 孤獨的粉紅魚

一條孤獨的粉紅魚在南海疾速地游動，當她浮出水面時，海浪反射出在陽光照射下閃閃發光的鱗片。漁船很少遇到這條魚，她的祕密罕為人知。事實上，只有一個人知道魚的使命，那就是一位名叫桃的越南姑娘。

十九歲的桃與心愛的未婚夫、以及其他四十二個人，一起乘小船離開了越南。他們在經過泰國海岸附近的怪島時，遭到海盜的襲擊，海盜搶走所有的東西，並強姦了船上的婦女。桃被三個海盜輪姦。船上的男人拚命想保護同行的婦女，可是根本不是海盜的對手，自己也遭到毆打和捆綁。桃的未婚夫忍受著命運的摧殘。桃則是嚇壞了，又踢又叫。當她遭到第三人攻擊時，做出反抗用指甲抓傷對方，那個海盜抓住她的腿，把她扔進海裡。她的哭聲連同身體一起被大海吞沒，接著失去了知覺。但是，桃沒有淹死，一條粉紅魚救了她，把她帶到一個荒島的沙灘上。

桃甦醒過來後，發現身體傷痕累累，光是坐起來就需使盡全身力氣。海浪拍打著腳邊的海岸，她掙扎地站了起來，搖搖晃晃地走向一些提供遮蔭的巨石。她嘆了口氣，倒在一個岩石上，對自己還活著感到驚訝。

慢慢地，她回憶起發生的一切，把頭埋在懷裡，不敢看海，生怕海盜還在那裡。但是，前一天的恐怖景象已經過去。當她終於抬起頭時，只看見一望無際的大海。她想起海盜的殘忍行為，淚水順著臉頰流了下來。她低頭看著渾身痠痛並且一絲不掛的身體，瞬間感到非常羞愧，用雙臂遮住胸部，再次抬起頭時，看到陽光灑在海面上。深藍色的天空萬里無雲，沒有任何船隻的跡象，四面八方都看不到任何黑點。

桃想起所愛的年輕人達，痛苦地猜想，他必定被海盜打死了。桃將雙臂抱住自己，喘著氣並不斷地抽泣。然後，她的雙臂變得疲弱無力，倒在地上，感覺力氣正一點一滴地流失。桃以為自己即將斷氣，孤獨地死在荒島上。但出乎意料的是，她的呼吸竟然恢復了規律，接著昏睡過去，直到皎潔的月光照亮浩瀚的天空時，才醒了過來。

◇◇◇

桃感覺一隻小手在撫摸她的額頭。一個十歲或十一歲的小女孩，穿著粉紅色的上衣和磨破的白色褲子，正站在前面俯視著她。小女孩有一雙明亮的烏黑眼珠，長髮披在肩上。

「妳是誰？妳怎麼這個時候出現在這裡？」桃焦慮地問。

小孩平靜地回答：「我叫鴻，在太陽落山時到達這裡。」

小女孩伸手從樹枝上扯下衣服遞給桃，「姐姐，穿上這些衣服，這樣妳才不會感冒，然後我們可以說說話。現在已經起霧了，瞧，妳正在發抖。」

桃感到迷茫和困惑，接過來一條越南褲子和一件仍然散發著樟腦香味的短上衣。當桃扣上衣服時，心中納悶地想：「這個孩子晚上獨自一人在島上，她到底是誰？我是被鬼纏住了嗎？」

就在桃的腦海裡閃過這個疑問時，小女孩開口說：「我不是鬼，姐姐。我是一個真實的人，出生在永隆市，我的父母在那裡經商將近二十年。來，坐下吧，我們可以一邊聊，一邊吃這些餅乾。」

桃坐在她的身邊，小女孩打開一個大錫罐，拿出一袋餅乾。她用牙齒撕開袋子，遞給桃兩片餅乾。桃的肚子咕咕叫，因為差不多有兩天沒吃東西了。那是她和朋友們經常在上面撒上甜煉乳的那種餅乾，每片約有四根手指寬。吃完一片後，桃問道：「妳從哪裡弄來這些東西？」

鴻噗嗤地笑出聲。「這是丹麥船扔進海裡的幾個罐頭之一，再吃一片，聽我告訴妳。今天有一艘難民船沒有食物和飲水，船的馬達也壞了，船上有八十四人，其中大多數都是兒童。一艘懸掛法國國旗的船駛近，難民們揮舞著衣衫高聲呼救，法國船長卻假裝沒有看到他們。幾個小時後，一艘英國船隻經過，但他們也假裝沒有看到難民。就在日落之前，一艘懸掛丹麥國旗的船駛近，聽到呼救聲，船繞行難民船三圈，不想讓難民上船，但放下了兩桶水和十罐餅乾。七罐餅乾掉在船上，三罐掉進海裡，這就是落入海中的其中一罐。」

桃關心地問：「那條船之後有遇到其他的船嗎？他們最終靠岸了嗎？妳是船上的人嗎？其他人在哪裡？船沉了嗎？其他人都淹死了嗎？」

「妳問那麼多問題，讓我感到頭昏腦脹。不，我沒有在那艘船上，而且船也沒有沉沒。事實上，現在正吹著朝向泰國的東北風，我認為他們會安全靠岸。」

然後，小女孩的臉色轉為悲傷。桃原本想再問更多，見狀猶豫了起來。她心想，這個年幼的孩子怎麼知道這麼多？但她沉穩和成熟的氣度及談吐又是何等的不凡。一個正常的十歲女孩，迷失在遠離家人的荒島上，永遠不會如此平靜和就事論事地說話。這麼小的孩子，似乎應當把我當成姐姐纏著不放並且哭喊媽媽才對，可是她卻像姐姐一樣照顧我，給我衣服穿，給我吃的東西。也許我是在做夢，桃暗想著，咬著嘴唇直到流血。

就在這時，鴻舉起一根手指向桃比手勢說：「聽，我好像聽到流水聲。也許我們可以找到飲用的淡水，妳留在這裡，我去找找看。」

鴻輕快地躍過岩石，消失在叢林的幽黑樹影中。桃耐心等待鴻的返回，伸手從袋子裡再拿出兩塊餅乾慢慢吃。鴻回來時，手裡拿著用大葉子折成的水杯，杯中裝滿了清水。

「這水很乾淨，來，喝一點。」

鴻將杯子舉到桃的唇邊，甜美的水灌入胃裡，讓人感到神清氣爽。

「來吧，把它全部喝掉。我已經喝了一些。」

桃喝光杯中的水，對鴻說了聲謝謝。

鴻再對她說：「泉邊有圍欄，可以避風睡覺。待在這裡太冷了，晚上潮水還可能把我們捲入大海。」

鴻把餅乾放回錫罐遞給桃，然後自己提起那袋衣服，兩人沿著一條通往泉水的岩石小路前行。月光照亮了整座島嶼。

在靠近泉水的地方，鴻等桃坐下後說：「我們很幸運能找到水，還有一罐丹麥餅乾，應該至少可以堅持幾個星期。我們隨後也可以尋找水果和可食用的植物。我們必須留意任何可能經過的難民船，向他們發出求救信號。在妳睡覺的時候，我撿了一堆衣服，我覺得這件上衣和褲子滿適合妳，所以便把它們掛在那根樹枝上晾乾。我們還可以把其他衣服晾乾用作毯子。現在，如果妳不太累的話，姐姐，告訴我妳的故事吧。」

桃告訴鴻，自己如何成為一名船上難民。在一九七六年時，父親是一名作家，被送到越南北部高地的一個再教育營。過了兩年之後，桃的母親終於存夠錢到那裡去探望他。她發現他身體消瘦，心情極其抑鬱。他勸告妻子帶著孩子逃到另一個國家，但桃的母親拒絕拋棄丈夫，告訴朋友們：「俗話說『只要有水，就能收穫。』誠然如此，只要我丈夫還活著，我就會等著他。」

後來，她和母親只能每三個月給他寄一封信、一小包糖和一瓶鹽。有時六、七個月過去，都沒有父親的消息。

生活一天比一天更加艱難。桃和十六歲的弟弟竭盡全力幫母親賣東西謀生，但仍賺不到足夠養家糊口的錢。

桃有個朋友叫阮，家裡也很窮，但靠著海外親戚每兩個月給他們寄包裹，還能過得下去。包裹裡裝著香煙、罐裝黃油和抗生素，他們可以賣掉這些東西來購買大米和其他必需品。

當未婚夫建議兩人乘船逃難時，桃感到猶豫不決。她不怕自己丟掉性命，而是怕母親沒有她會活不下去。有一天晚上，母親緊緊地抱著她，哭著催桃離開。桃把自己有的一切都留給了母親，只帶著高中畢業證書和身上穿的衣服。臨走的前一晚，她和弟弟很晚才睡，囑咐他照顧家庭。

「我一到馬來西亞，」她說，「就會給你發一封電報。」

但是，船航行到大海中央時引擎壞了，他們在海上顛簸了十六個晝夜，成為海盜的獵物。強姦、毆打和暴力的畫面在桃的腦海中再度浮現，令她摀住了臉。當她想到達的痛苦、自己的痛苦，以及船上每個人的痛苦時，不禁淚如雨下。她為母親、弟弟和心愛的未婚夫哭泣。她在絕望中尖叫：「我要用頭撞這些石頭，直到死亡為止！」

鴻安靜地傾聽，不時握緊桃的手，但沒有打斷她說話。當桃跳起來要用頭撞石頭時，鴻用異常巨大的力量抱住她，使桃無法動彈，跪倒在地。夜晚的空氣雖然寒冷，但桃卻滿頭大汗。鴻輕柔地把她扶到草地上，用袖子擦去桃額頭上的汗水。

她等到桃的痛苦消退一些後才輕聲說，「桃，在毀滅自己之前，請想想妳的父母和兄弟姐妹。他們會以為妳淹死在海裡而痛苦一生。妳有可能被另一艘難民船拯救並安全上岸，在那裡將能找到工作並幫助家人。只要知道妳安全到達岸邊，妳的父母在餘生中就會感到快樂。妳船上的其他人也有可能安全靠岸，海盜把妳扔下海後就離開了，我看見妳的船被海浪沖向西南方，再過幾天，它可能到達馬來西亞。達還活著，妳可能還會再見到他。」

桃抓住鴻的手臂，「妳確定嗎？妳確定達還活著嗎？妳怎麼會看到他的船？當時妳在哪裡？妳坐的是什麼船？妳的父母在哪裡？」

鴻回答：「我保證明天會把一切都告訴妳。我的故事和妳的一樣，但是現在已經很晚了，我們去睡覺吧，這樣明天才能一大早起來去等待經過的船隻。請躺下吧，妳可以用這棵樹的樹根當作枕頭。」

桃合掌說道：「我全心祈禱達還活著。」她頓了頓，露出痛苦的神態繼續說，「但是妹妹，我的身體已經遭到玷汙，不再配得上達。一個女人為未來的丈夫小心保護自己，卻在幾秒鐘內被海盜毀了，這很不公平，我已經沒有活下去的理由了。」

桃痛哭起來。鴻慢慢地告訴她：「很多人活著不是為了享樂，而是為了責任和愛。姐姐，為了責任和愛而活也是幸福的源泉。」

在悲傷和痛苦中，桃無法理解鴻所說的深層含意。但這些話竟出自如此年幼的小女孩之口，聽起來極不尋常，所以桃專心地聆聽，心中感到有些震驚。鴻繼續說道，「誰知道有多少人淹死了？他們的血肉是否被鯊魚撕裂吞噬？但是，大海並非唯一發現鯊魚的地方，姐姐。陸地上也有鯊魚，為了生存而吃肉和骨頭。海盜像是一種鯊魚。也許是因為在陸地上遭受其他鯊魚的折磨，反過來又變成了海上的鯊魚。在大海中游動的鯊魚吞噬了數以萬計的人，船上的鯊魚襲擊了成千上萬的人。妳被三隻這樣的鯊魚攻擊了。

「妳承受了人類的一個巨大苦難，但我們當中誰沒有被傷害過？我們當中誰能保持身心的完好無損？桃，在我的眼裡，妳依然純潔無瑕。海盜攻擊並強暴妳，但他們真的無法從妳身上拿走任何東西。妳從來沒有同意對他們獻身，所以錯不在妳。妳的傷口最終將會癒合，就像被鯊魚攻擊的倖存者的傷口。重要的是，不要讓傷口感染膿毒，傷口可以毒害妳的身心。再過十天左右，妳就會到達海岸，在那裡會找到一個可以防止身體被膿毒感染的醫生。然而，沒有醫生可以治癒妳心靈上的創傷，這將取決於妳自己。」

鴻的字字句句都觸動了桃的心弦，她不自禁地流淚，心裡也輕鬆了一些。過了一會兒，鴻又說：「當我還在越南的時候，我的祖母經常念《心經》。我不理解經文的字義，可是每當聽到它們時，都會感到內心受到洗滌。妳現在覺得很疲倦和傷心，讓我為妳誦念這本經吧。」

鴻不等桃回應就開始誦經，桃凝神細聽，突然間感到內心的痛苦逐漸消退。如同露珠一樣甜美的淚水，順著臉頰滾落。鴻還沒有誦完第四遍，桃就沉睡了過去，直到翌日旭日東升時才甦醒。

當桃睜開眼睛時，鴻已經不在了。桃猜想，鴻想必又去四處探索，就用泉水洗了臉，並沖洗掉頭髮上的鹽分。然後，她爬上一塊大石頭，四處張望。陽光灑在海面上，照亮這個小島。天空中沒有任何雲朵。桃突然感到胃裡一陣痛楚，讓她想起了飢餓，於是她走回去，從鋁罐裡拿了一片餅乾，咬了幾口，慢慢並仔細地咀嚼。餅乾十分香酥且充滿了奶油味，真的很好吃。她只吃一片，因為擔心它們很快就會被吃完，接著捧了一把水喝，直到填滿肚子。

然後，她打開那捆衣服，看到一件紫色上衣，一件牛奶色毛衣，一條黃色大毛巾，還有一件熏香色兒童上衣。「這件很適合鴻，」她一邊想，一邊把衣服等物帶到泉水邊清洗。洗掉衣服上的海鹽後，把它們擰乾，鋪在石頭上曬乾。鴻還沒有回來。桃喊起鴻的名字，但沒有得到回應。「她會在哪裡呢？」桃心裡感到擔心，順著溪流走到小島的頂部，小心翼翼地踩在青草和光滑的石頭上，以保護赤裸柔軟的雙腳。

島上密布著野生熱帶植物。桃從一棵番石榴樹上摘下一片葉子，用手指捏碎，嗅聞它刺鼻的香味，那讓她覺得好像巧遇了一位老友，想起祖母在芹苴市的番石榴樹。小時候，桃經常爬上樹，坐在樹枝間吃水果，鼻子裡聞著樹葉的清香。祖母總是會斥責她，「女孩子不應該爬樹！」但桃永遠聽不懂這個勸告，仍然繼續爬樹，只是改成偷偷摸摸地做。

沿著番石榴樹枝攀爬總是很好玩的事，具有彈性的樹枝從未折斷過。有一次，雞蛋花的樹枝折斷了，使得哥哥掉下去。但桃知道，雞蛋花的枝條很脆弱，所以她從來不爬那種樹，縱使花朵非常清香。更何況雞蛋花樹就在屋前，她可不想在爬樹時被抓到。

桃很高興在一個如此陌生的地方，竟然看到了一棵自己熟悉的番石榴樹。雖然只有寥寥幾顆果實，既摘不到又沒有成熟，她還是很想品嘗一下。首先，她環顧四周確定沒有人在看，心想在荒島上爬樹還擔心會被抓到，真好笑啊！她抓住一根樹枝想往上爬，卻因身體太虛弱而爬不上去。於是，她折下一根低矮的乾樹枝，用它來拉下一根較高處的樹枝，摘下一個未成熟的果實。它吃起來相當酸，但熟悉的味道仍讓桃的內心充滿喜悅。她離開家鄉才兩個星期，離開船上的同伴也才一天，卻覺得與所知道的一切都隔絕了。

多虧這棵番石榴樹，讓她意識到自己還站在熟悉的綠色地球上。桃眺望前方的大海。太陽在她的左邊，所以她肯定是從東方過來的。她必定離泰國海岸不遠。達的船正朝著馬來西亞漂流。她對鴻告訴她的一切都信以為真，彷彿鴻擁有異於常人的學識。這個說話宛若大人的孩子真是奇特！桃越想越覺得不可思議。從昨天開始，桃的內心發生了很多變化，都是多虧這個小女孩。如果鴻不在這裡，桃可能會跳海自殺。一個十歲或頂多十一歲的孩子，怎麼能說出如此具有權威的話？「妳承受了人類的一個巨大苦難，但我們當中誰沒有被傷害過？我們當中誰能保持身心的完好無損？桃，在我的眼裡，妳依然純潔無瑕。海盜攻擊並強暴妳，但他們真的無法從妳身上拿走任何東西。妳從來沒有同意對他們獻身，所以錯不在妳。妳的傷口最終將會癒合，就像被鯊魚攻擊的倖存者的傷口。」

這些話蘊含如此深刻的理解，撫平了桃心中的傷痛。一個十歲的小女孩在一天內教給她的，比在學校多年學到的還要多。

但是，鴻到底是誰？為什麼拒絕回答桃如何帶著一罐餅乾和一捆衣服獨自來到島上的問題？她怎麼知道達的船被吹向西南方？一個十歲的孩子怎麼會比像她這樣的十九歲少女，更加沉著和睿智呢？鴻是鬼魂嗎？溫暖的陽光照在她的臉上，但桃想到這裡感覺渾身顫抖。

她回去看看衣服和餅乾是否真實。難道只是鬼魂變出的棍子和石頭來戲弄她？不，鴻不可能是鬼。桃有身上穿的衣服為證，這是鴻前一天送給她的。桃清楚地記得，自己醒來時一絲不掛，現在還可以看到剛剛清洗的衣服在陽光下晾曬。桃收起乾衣服，將它們疊得整整齊齊。「不，鴻不可能是鬼。」桃心想。可是，她現在在哪裡呢？為什麼還不回來？當她聽到岸邊傳來鴻的笑聲時，桃爬上一塊高大的岩石，想看得更清楚。然後，她看見鴻從水裡上了岸，身上的衣服卻完全沒有弄濕。

桃沒有細想這樣的事很奇怪，因為感到非常興奮，一聽到鴻歡快和清晰的孩子氣笑聲，心中所有的擔憂都全部消失。桃高喊：「妳去了哪裡？都已經過了正午，我一直在到處找妳！」

鴻站在桃的身邊，指著天空集聚的烏雲。「姐姐，暴風雨要來了，我們趕緊找個地方躲避吧！」

鴻帶著桃走向巨石叢，她們發現了一個巨大又乾燥的洞穴。「坐這兒，姐姐，我回去拿我們的餅乾和衣服。」

桃將洞穴地面上的鵝卵石掃開，騰出一個可以坐下的地方。她靠在岩壁上，外面的天空變得陰暗，大雨傾盆而下，彷彿有人從天上扔下沉重的石頭。閃電劃過天際，緊接著一聲巨雷響起，彷彿就在頭頂上。鴻回來時，桃緊緊地抱住她，拂去她頭髮和衣服上的雨水。小女孩柔順地讓桃照顧她。外面的暴雨像瀑布般傾瀉而下，但兩個女孩安全地待在洞裡，保持乾爽。她們都在想，暴風雨中的海洋必定波濤洶湧。鴻緩緩睜開眼睛說：「每當大海像這樣的時候，許多難民船都會沉沒。」

桃嚴肅地聽著，腦海中看見了載滿神色驚恐的男人、女人和孩子的船，在巨浪中顛簸，狂亂地揮舞手臂，驚恐的哭聲消失在狂風中，屍體沉入鯊魚盤旋的水下。她渾身顫抖，覺得心臟彷彿被一隻殘忍的手捏住。她在心底自問，為什麼同胞們必須日復一日地忍受這樣的苦難，這已經持續了五十多年。她看了鴻一眼，看到孩子的臉頰上也沾滿淚水。看到鴻在哭泣，使桃的痛苦消退，感到那隻殘忍的手鬆開了她的心。她用袖子擦去鴻的淚水，兩個女孩靜靜地坐在一起，烏雲飄過天空，狂風呼嘯。鴻躺在桃的懷裡，閉上眼睛睡著。她的呼吸變得輕柔且均勻。桃覺得自己好像擁抱著曾經愛過的一切。

雨一直下到傍晚。終於，烏雲散去，天空變得安靜，太陽開始照耀大地。這個小島看起來煥然一新。桃和鴻互相扶持，登上一塊大石頭，眺望遠方的海面，沒有任何船的跡象。桃把鴻拉下來坐在岩石上，然後央求她講一講自己的故事。

鴻露出為難的神情，過了一會兒答道：「我會告訴妳有關我的所有故事，但妳必須讓我分兩段講，現在先講一部分，明天再講剩下的部分。妳同意嗎？」

桃點頭同意。沉默片刻後，鴻開口道：「當我還在襁褓的時候，世界只有媽媽的手臂那麼大。在那個世界很安全，我感到安全又平靜，不知道在保護我的手臂之外，竟是一個充滿暴力和動盪的天地。母親不讓我看到那個世界，這樣我就可以享受無盡的平靜與安全。但是，最近我看到了外面的世界。

「當年我的父母在永隆市開了一家冰店和小雜貨店。他們善良和慷慨，深受顧客和員工的愛戴。父母還照料一座果園，種了五百多棵芒果樹、龍眼樹和榴槤樹。可是，父親後來被一名士兵的流彈打死，我們的雜貨店也被炸彈炸毀。父親被殺時，母親已經懷孕兩個月，不久生下一個漂亮的小男孩，那就是我的弟弟，取名為碧，長得和父親一模一樣。母親和我都很寵愛碧。南越臨時政府上台後，母親決定返回農村。我開始在村裡上學，每天下午母親都會背著碧來學校接我，然後我們會在芒果樹和龍眼樹間漫步。

「母親把冰店和所有的錢都給了地方官員，捐給國家使用。她只想保留果園，因為我們靠著賣水果很容易養活自己。過去父親常常拿冰店和雜貨店的利潤捐錢給革命事業。即使在將兩家店都捐給國家後，母親仍打算每年繼續支持革命運動，將果園的百分之二十利潤捐出去。

「有一天，母親請了一位當地黨部的幹部吃飯，概述她的支持計畫。但這位相交多年的幹部卻勸她把果樹連根拔起，改種水稻。母親嚇壞了，光是栽培果園就花了十年時間，她簡直不敢相信，他竟然要她將果樹連根拔起。但這位幹部說，國家需要大米，而不是奢侈的新鮮水果。他警告母親若不這樣做，稅金將大幅增加，她靠賣水果賺的錢將不足以繳稅，更不用說養家糊口，或捐出百分之二十的收入給國家。但他建議，如果她改種水稻，就會被課徵更輕的稅金。母親覺得，靠著多年的經驗，了解如何才是最佳謀生之道，砍掉果樹改種水稻聽起來太荒謬。母親不相信幹部的話，直到後來，當政府稽查人員告訴她，每棵果樹要徵多少稅時，才恍然大悟。

「她的內心湧起了強烈的反抗情緒，最後仍舊沒有同意砍掉果樹，而是把果園送給政府。由於祖母已經去世，我們在農村不再有避難之所，只好搬到母親在村裡的一位摯友家裡借住。這位婦女的丈夫被送進再教育營，不得不賣掉一切來養活三個孩子。她分了一個房間給我們住，母親每天熬粥去市場賣。

「房子裡沒有男人幫忙維持生計，母親和好友想盡辦法掙錢養活兩個大人和五個孩子，這根本是不可能的事。漸漸地，我們變賣了所有財物，每天晚上大家緊抱在一起，拚命想忘記飢餓入睡。

「有一天，一位叫做七饒的叔叔來探訪我們，建議試試看坐船逃離這個國家，縱使我們在海外不認識任何人。七饒伯是我們村裡的人，父母過去曾經多次幫助過他。他的兩個兒子即將被徵召去柬埔寨打仗，那裡有許多年輕人死於戰場，他非常著急想幫助兒子逃走。七饒伯有一艘船，已經準備好食物，隨時可以出航，另外兩家人也將與他和他兒子一起逃難。他們集資購買預計在海上航行十天的汽油、機油和食物。這艘船上還有三個空位，他希望母親、碧和我也能加入他們。

「母親自認並非政治難民。但她知道，在自己的國家已經不可能生存下去，如果想要孩子活著，就必須離開。她聽說難民經常被帶到外國船隻上，並在該船的母國重新落戶。就像七饒伯的兒子們別無選擇一樣，母親也只有離開一途。

「考慮了三天之後，母親同意和七饒伯一起逃難。她做好安排，帶著我和碧跟著這位叔叔下鄉。我什麼都沒帶，穿著自己最漂亮的衣裳，邊緣磨損的白色緞綢褲子，腳穿塑膠夾腳拖。我們分成兩組穿過叢林，給幼兒服用安眠藥，以防止他們驚嚇或哭鬧，那可能會驚動政府幹部。我們走了將近兩天兩夜，才到達七饒伯藏船的地方。

「一出大海，就看到四艘政府的漁船，於是我們趕緊折返，以免被人看見。第二天晚上，一切警報都解除了，我們安全地離開。到了早上，我們已經到達國際水域，以為自己已獲得自由，殊不知這只是恐怖夢魘的開始。

「才航行一天，船的馬達就停了，我們無助地被海浪拋來拋去，無法控制船的方向。人人都祈禱會有一艘外國船隻出現，拯救我們，但是四天過去了，仍看不見其他船隻，我們甚至不知道自己就在泰國灣。」

說了這麼多後，鴻看著桃問道：「姐姐，妳的船有沒有遇到外國船隻？」

桃點點頭：「有，我們有遇到一艘俄羅斯客輪，兩艘巴拿馬船，一艘澳大利亞船，一艘新加坡船，還有一艘美國船。當他們看到我們的船時，都從旁邊駛過，彷彿我們是隱形人。他們怎麼可以這麼無情？母親曾經告訴我，拯救一個人的生命會帶來很多功德。關於功德我不確定，但知道拯救另一個人必定能帶來極大的快樂。然而，那些船上的人似乎不認為我們比螞蟻更重要，真是令人難過。」

鴻回答：「姐姐，起初很多船會援救船上的難民，但是他們發現，在救起難民後，沒有國家願意收留他們，哪怕只是暫時性。馬來西亞、印尼和泰國的難民營之所以存在，是因為聯合國難民署的干預。這些國家其實不想讓難民進來，他們暗中命令海警，一有機會就把難民船拉回海裡。許許多多的船隻被迫在海上漂流，直到最後在暴風雨中沉沒，沒有人知道有多少船在海中沉沒。」

桃睜大眼睛，「妳怎麼知道這一切？妳在報紙上看到這些消息嗎？」

鴻的雙眼充滿了悲傷。「我就是知道，姐姐。我不看任何報紙。新加坡是最無情的港口之一。一些難民抵達新加坡後就將船擊沉，以避免被拖回海中。但在那之後，許多人被新加坡政府逮捕，並帶到某個地方關押，沒人知道他們在哪裡。如果記者、大使館或聯合國代表知道他們的下落，新加坡政府就不能囚禁他們，並且假以時日，這些難民甚至可能被一些西方大使館收留，並移民到新的國家。但如果沒有人知道他們在哪裡，他們很可能會一直待在監獄裡，直到死亡。

「馬來西亞警察經常向船隻開火，試圖恐嚇船民。有時子彈會使船嚴重受損，或使船上的人受傷。有一次，我看到兩艘載有六十名難民的船，在豐盛港以北約十哩外的馬來西亞海岸靠岸，包括許多兒童的難民站在沙灘上，請求獲准入境，但馬來西亞警察強迫他們回到船上。他們哭著求情，可是警察表示沒有權力讓他們留下來。難民告訴警察，他們的船已經損壞，不可能再航行。結果警察找了人把船修好。

「四小時後，他們被迫回到船上並被推向大海，其中一艘船立刻被巨浪擊中而翻覆，另一艘船上的人目睹了這個悲慘的場面。船長決定冒著被槍殺的危險，把他們帶回岸上。他們著陸後馬上摧毀這艘船，不知所措的警察決定將難民暫時安置在一個廢棄的營房裡，婦女和孩子們哭個不停，男人們靜靜地望著天空，不吃不喝，連村民主動給他們送來的食物也不肯吃。

「沉沒的難民船上只有兩個人活下來。他們在海中游了五個小時，才被一艘馬來西亞漁船救走。可是，當他們被帶到岸上時，卻被警察帶到某個地方，再也沒有消息。警察威脅另一艘船上的難民，如果將這件事告訴任何人，他們將被送回舊船，重返大海。沒有人知道這兩個人發生了什麼事，也許他們已經遭到殺害，以向國際媒體隱瞞這起事件。姐姐，這樣的事每個星期都會發生。」

鴻說得好像這一切都是親眼目睹。桃看到鴻的表情變得悲傷，但很平靜。桃無法解釋為什麼，但相信鴻告訴她的一切，縱使一個小女孩應該不可能知道這麼多。然而，比起內心的痛苦，任何的懷疑都無關緊要。桃回憶起自己坐的船在引擎失靈後，所遭受的種種苦難——口渴、飢餓、海盜，以及所有無法形容的可怕細節。但現在她意識到，所有的人都經歷了悲慘處境。她不敢猜測有多少人在海上遇難，想必有很多人。由於無法在自己的家鄉生存，他們乘船出海逃難，結果遭到槍擊、強姦和搶劫，最後淹死在海裡。桃把頭靠在鴻的肩膀上，眼淚撲簌流下。太陽下山了，傍晚的風變得越來越冷。鴻最後站起來，拿給桃一塊餅乾和一些泉水，補充一點營養。

那天深夜，桃輾轉反側，一直在想達的船。海浪把它帶到哪裡了？船上有沒有食物或水？如果船到了馬來西亞，他們會被允許進入難民營嗎？還是警察會把他們拖回大海，沉沒在海裡？桃心想，如果達死了，她也不想活。但她又想起鴻說，必須為母親和兄弟姐妹活下來。桃呢喃低語：「親愛的母親，我不會死。我會為您和兄弟姐妹而活。」然後淚如雨下。

聽到桃的哭聲，鴻醒了過來，移到她的身邊。鴻似乎能感受到桃心中的悲傷，「許多船民已經在難民營附近登陸並被接納，不要擔心，達他們雖然沒有水和食物，但肯定能再堅持幾天。如果他們遇到好心的漁民，他們的船可能會被拉到安全的岸邊。」

「但這樣的好運並不常有。鴻，我很害怕。」

「別這樣，妳自己都被海盜扔到海裡，卻仍活著。不可思議的奇蹟總是不停地發生。就在幾個月前，七名年輕人乘坐划艇離開越南，一路划到泰國，被送入宋卡市難民營。一個帶著兩個年幼孩子的家庭乘著一艘只有七碼長的小船，逃了出來。他們在離開迪石港時遭到當局開火，丈夫胸部中彈，但他們全速航行逃脫。兩天後他去世了，但他的妻子和兩個年幼的孩子奮戰了七天七夜，終於到達泰國海岸。還有許多船隻沉沒後，船上難民被經過的漁民救起。姐姐，這個宇宙充滿我們大多數人從未見過或聽過的奇蹟。

「但夠了，現在已經很晚了，我們需要睡覺，明天我會講述我的故事的剩餘部分。現在，我來念誦《心經》，然後我們就去睡覺。願妳能睡得安穩。」

鴻用過去聽祖母背誦的方式開始念經：

觀自在菩薩，行深般若波羅蜜多時，照見五蘊皆空，度一切苦厄。

輕柔的吟誦聲，猶如雨點輕輕落在花朵上。桃靜靜地躺著，讓經文充滿她的心靈。不久，她夢見一股清新的水流流過田野，田野上點綴許多黃色和紫色的花朵。

◇◇◇

這是桃在島上的第三天。等她醒來時，鴻已經消失無蹤。桃心想：「這個小女孩肯定喜歡一大早起來到處探索。」她去泉水邊洗了把臉，從行李袋裡拿出一件紫羅蘭色上衣更換。她還洗了另一件衣裳，把它鋪在石頭上晾乾。等了許久，鴻仍未回來。桃拿出兩塊餅乾吃，並喝了一些泉水，然後沿著河流探尋，希望能找到鴻。

桃來到前一天發現的番石榴樹下，停下腳步再摘了一顆番石榴。儘管果實仍然酸得令人畏縮，但心中覺得滿心歡喜。她注意到附近長著蒲公英，於是摘了一大把帶回去。在河的上游稍遠一點之處，再發現菊苣和野西洋菜，又各摘了一把。

桃返回與鴻一起過夜用小石頭圍住的地方，但鴻還沒有回來。桃暗忖：「她每天早上都會消失，真是奇怪。」她一遍又一遍地呼喚鴻的名字，直到聲音嘶啞，仍未獲得任何答應。

桃開始擔心，鴻這次真的是迷路了，縱使似乎不太可能。桃想到鴻，越想越覺得不可思議，嘆道：「有時她說話的時候，聽起來像是師父在說法。」她像母親一樣地安慰我，似乎對海上發生的一切都瞭如指掌。事實上，她說的好像真的親眼目睹那一切。

下午兩點左右，烏雲密布，天空變得風起雲湧，一場大風暴即將來襲。桃蹲在岩壁下，想像鴻在島上某處被淋濕的情景，如同一隻濕漉漉的老鼠。隨著大雨繼續傾瀉而下，她變得越來越擔憂。傍晚時分，雨終於停了。

當天空變成暗紫色時，桃更加地憂懼。然後，鴻終於回來了。她從海灘過來，頭髮和衣服都沒有淋濕，連一滴水也沒有。桃大喜過望，呼喚她並跑到海灘上，使盡力氣緊緊地擁抱她。鴻讓桃抱住良久，然後才輕輕地從桃的懷裡移開。鴻開口道：「姐姐，有好消息了。達的船已經到達岸邊！」

「什麼？你說什麼？達的船成功靠岸了？真的嗎？」桃激動地問，甚至沒有停下來想鴻怎麼會知道。

「達的船遇到一艘馬來西亞漁船，將他們拉到附近的比農島。每個人都被允許下船，並進入那裡的難民營。我告訴過妳，我們不應該放棄希望！」

桃連忙再問：「這是真的嗎，小妹妹？哦，我太高興了！現在我確定我可以繼續活下去！達的情況怎麼樣？他傷得很重嗎？他的傷口有感染嗎？他的生命有危險嗎？」

鴻搖了搖頭，「達很好，一位醫生檢查了他和其他所有人。他沒有受重傷。其他一些難民用生薑和水沖洗他的傷口。但他很痛苦，因為他認為你淹死了。」

「哦，鴻，這真讓我難過。我們怎麼才能讓他知道我還活著呢？」

「還沒有辦法，姐姐。當妳到達海岸時，可以寫信給他，但我們還沒有到達那裡呢。我們需要等待。我不確定要等多久。」

「如果我死在這個島上，再也見不到他怎麼辦？」

「妳又來了，」鴻告誡她，「又讓絕望控制妳，才剛接到好消息，為什麼要往壞處想來毀掉它呢？」

「我很傻，請原諒我，我相信我們會得救的。但是鴻，妳怎麼知道達的情況？妳整天都去哪裡？我一直在擔心妳呢。」

鴻輕輕拉著桃的手，把她帶到一些岩石旁，她們一起坐了下來。「我答應今天講完剩下的故事，每個故事都是悲喜參半，我知道妳一直想知道，像我這樣年幼的孩子怎麼會知道這麼多，而且是發生在遙遠地方的事。聽著，昨天我說過，有些奇妙的事情是我們很少看到或聽到，但那不意味著它們不可能發生。我是十歲的孩子鴻，但我也是一條魚……妳看起來很驚訝，笑一笑吧，桃。好的，現在我可以繼續告訴妳剩下的故事了。

「我們的船到達國際水域後，迅速航行了一天。第二天，我們的引擎壞了。七饒伯一次又一次地發動引擎，但就是發動不起來。從此之後，我們的小船就在海上翻來覆去，有四天沒有遇到任何船。第六天，暴風雨來了，我們被風浪無情地拋擲，差一點翻船，為了減輕船的負荷，我們把所有的財物都扔到海裡，甚至包括食物和水。黎明時分，暴風雨終於平息，但我們又累又餓又渴，無法動彈。太陽升起後，天氣變得像在烤箱一樣酷熱，我們的喉嚨乾渴灼燒，無法舒緩。七饒伯告訴我們把尿留著喝，大家都照做了。入夜後，空氣變得冷得要命。在經過風吹雨打幾天之後，我們當中大多數人都病倒了。

「我的弟弟碧開始發燒，沒有藥也沒有水，他當天就死了。母親將他的身體緊緊抱在懷裡不肯鬆手。她想哭，但哭不出一滴淚。水一直從船上的許多小洞滲進來，男人們輪流把水舀出去，直到身體變得太虛弱而無法繼續。只有七饒伯撐下去，才使船不致於翻覆。

「翌日，七饒伯告訴母親，必須將碧海葬。她一口拒絕，但最終當他的小屍體開始發臭時，母親不得不同意。我們一起念誦《心經》。然後，七饒伯開始念佛號，我們其他人也跟著念。在大家齊誦佛號時，七饒伯輕輕地將碧從母親的懷中移開，俯身將孩子的身體放在海面上，然後放開他。弟弟的身體迅速沉入海浪之下，母親痛哭起來。我們念佛號的聲音變得越來越大，試圖消解她傷心的哭嚎。當念誦停止之際，母親倒了下來。

「那天晚上，一艘海盜船襲擊我們。他們用金屬鉤鉤住我們的船，然後停在旁邊。他們一共有十二個人，手持利刀和棍棒。我們不敢反抗。事實上，我們都已經沒有力氣。海盜搶走我們剩下的東西，包括身穿的任何值錢衣服。一位海盜走近母親，想看看她的衣服下面是否藏了一條項鍊。我喊道，「別碰我的媽媽！」但他無視我的呼喊。他抓住媽媽的上衣，將它撕開。我用盡全身力氣撲向他，抓住他的腿，想把他拉倒。但是我太虛弱了，他只是伸直腿，一腳就把我踢出船舷外。我聽到母親著了魔似的尖叫，但我無能為力。

「不知道是不是因為某種神奇的力量，使我沒有淹死。我發現自己變成像魚一樣游泳和呼吸。海盜們搶走能搶的所有東西後，就開著他們的船撞擊我們的小船，將之撞成兩半。水湧進船上，但每個人都太虛弱，無法移動。當我們的船慢慢下沉時，令人心碎的哭聲響起。海盜發動引擎，迅速離開。

「我變成了一條如小女孩大小的魚。可是，當我意識到自己有能力救人時，母親和其他人都已經消失。我潛入水中尋找母親，但只看見幽深的海水。我在那個地方游了一個星期，沒有看到媽媽的蹤影。她被鯊魚吞掉了嗎？還是也變成了魚？如果媽媽成為一條魚，她會在附近找我嗎？我決心游遍整個泰國灣，尋找母親。

「每天我都游得很遠，在月圓之夜，回到我們船沉沒的地方，希望能找到母親。一年多來，我天天去尋找她。因為游遍整個泰國灣，我遇到很多難民船。每當看到一艘正在下沉的船時，我都會嘗試去救至少一個人，通常是一個小孩。我把孩子背到背上，讓他的頭露出水面，直到到達沙灘。我游到泰國、馬來西亞和印尼的海岸附近，因為那會更容易幫助已經靠近海岸的受害者。一些難民以為，我可能是一條神魚，便跟隨我。有時，我能夠幫助船隻避開暗礁，或帶他們去沒有警察的地方。也有的難民為了充飢，舉起刀想要殺我，但我每見有人拔刀，便潛入水下，他們的船因此失去方向。我對那些想殺我的人並不生氣，因為我明白他們有多餓。

「四月的一個月圓之夜，我救了一個十四歲男孩，把他帶到哥打巴魯港口附近的岸邊。我擔心夜晚的海浪可能將他捲回海裡，便沿著沙灘扭動身體，盡力把他推到海水沖不到的地方。然後，實在太神奇了，我又變成一個小女孩，穿著和以前一樣的粉紅色上衣、磨損的白色緞子褲和塑膠夾腳拖。

「我在四月的月光下高興得手舞足蹈，大聲喊道：『媽媽！』發現我的聲音還是跟以前一樣。我欣喜若狂，呼喚弟弟的名字：『碧！』我開始念誦祖母每天念的《心經》。我意識到，雖然自己還是一條魚，但也是一個十歲的小女孩。

「我知道已經游過泰國灣，來到馬來西亞海岸。我可以留在陸地上，但我想回到海裡尋找母親，並從下沉的難民船中拯救小孩。

「這個男孩還沒有清醒，但他的胸部均勻地起伏，我相信他還有呼吸，便跪下來在他的額頭輕吻了一下，然後跑回水裡。當我跳回海裡時，又變成一條在月光照射下發出閃爍光芒的粉紅魚。

「從那以後，我會經常上岸，不是將某個人帶到安全的地方，就是與難民營中的難民混在一起，了解他們的情況。每個人都以為我只是在難民營中等待前往另一個國家定居的家庭的女兒。但我在難民營的停留時間，從未超過一個上午或下午。我大部分的時間都在尋找母親，尋找需要救援的海上難民船。

「我只吃海藻維生，變得越來越強壯。我可以游一整天卻不覺得累，背著一個人游十五海哩。桃，那天海盜襲擊妳坐的船，我就在場，看到了整個過程。那裡離我的船沉沒的地方不到兩哩。當妳被扔進海裡時，我游到妳的下面，背著妳游到這個島。把妳推上岸後，我再返回那裡，但發現海盜已經離開，東北風正把船吹向登嘉樓。我希望妳的船會漂流到瓜拉登嘉樓以北的一個漁場，那裡可能會有一艘漁船把妳的船拖到泰國南部或馬來西亞北部的岸邊，到達如北大尼、宋卡、哥打巴魯或登嘉樓等地方。

「翌日早上，我把一罐丹麥船丟下來的餅乾推到島上。然後，我回到海裡，游了一整天，但沒有遇到其他的救人機會。那天晚上，我帶回一袋衣服，那袋衣服漂浮在被暴風雨摧毀的一艘船的殘骸附近。回到島上時，我看見妳還在睡覺，便打開袋子，拿出一件上衣，掛在樹枝上晾乾。月亮剛剛升起，我坐在妳的身邊，把手輕輕放在妳的額頭上，看看妳有沒有發燒，然後妳就醒了。」

桃抓住鴻的手臂，感到眼前的小女孩是一個有血有肉的真實孩子。鴻睜著清澈又天真無邪的眼眸盯著桃看，似乎被逗樂了。桃抱著鴻喜極而泣，「鴻，這實在太神奇了！」眼前的奇蹟幾乎令桃難以置信，然而，自身的喜悅和感激證實了鴻的真實存在，毫無疑問的奇妙。宛如能夠看出桃的心思，鴻笑了起來說：「當你再見到達的時候，會不會也覺得太神奇了？妳會相信他是真實存在嗎？」

桃覺得自己好像從長眠中甦醒。若能再見到達，握住他的手，這肯定是一個奇蹟。她想像就像對鴻一樣，擁抱他並驚呼：「太神奇了！」桃記得前一天看到番石榴樹時，感覺就像一個奇蹟。她展露笑容，想著這些看似平常的事件，如何讓自己以全新的方式來看待當下的世界。乍然間，她甚至珍惜起自己在這個荒島上的生活點滴。現在鴻正在告訴她，應繼續懷抱對宇宙間有如此眾多珍貴禮物的感恩活下去。

桃和達一起度過很多時間，和他坐在一起，看著他的眼睛，被他抱在懷裡，但她從來沒有認為他是奇妙的。桃過去認為生命中的一切都是理所當然，包括達、家人、太陽、雲彩、樹木等等，現在，她首次意識到所有這一切都是多麼的奇妙。一切都無比珍貴，就像坐在面前的小女孩鴻一樣。

桃向鴻詢問更多關於達的船的情況。鴻解釋自己如何跟在船邊游，直到遇到一位馬來西亞漁民，後者將船拖到瓜拉登嘉樓鎮外的比農島。鴻上了岸，看到達和其他人進入營地。

「我相信很快就會有船經過這裡，」鴻向桃保證，「妳會被救走的。」在她們睡覺之前，鴻答應讓桃在翌日早晨，看著她潛入水中變成一條魚。

◇◇◇

晨霧瀰漫四方，桃看著鴻下到水裡，水一直淹到她的胸口。鴻雙手合十鞠躬，然後潛入水中。瞬間，桃看到一條粉紅色的魚，揮動著尾巴，在身後產生一團泡沫，然後就消失了。

桃望著大海，心中充滿了悲傷和愛。大海已經淹沒了那麼多的同胞，但在同一片大海之下，游著一條充滿愛心的孤獨粉紅魚。

桃為鴻可能永遠找不到母親而難過，但同時也對鴻幫助同胞所做的一切，感到欣喜。桃決定一旦找到收容處，也要竭盡全力幫助受難的人。鴻曾警告過桃，在難民營中等待收容的生活十分艱苦，但桃並不害怕。只要知道鴻就在泰國灣，對她來說就是莫大的安慰和鼓舞。桃將努力克服萬難，不負鴻教給她的信心和勇氣。

桃整天坐在沙灘上，心裡知道鴻正在海中的某處。當天空閃爍著繁星時，桃聽到了鴻的聲音，看到這位小朋友在星光下閃閃發亮，沿著沙灘向她走來。桃欣喜若狂，起身迎接鴻。鴻拉著桃的手，走到島上高處。桃給鴻一些餅乾和泉水。鴻沒有吃餅乾，但喝了清水。

鴻講述這一天的發現。一艘難民船在那拉提瓦附近沉沒，船上四百人中有近一百人溺水身亡。當鴻到達時，看到難民船的碎片漂在海上，包括一塊木板，上面漆著船號LA1945。一名倖存的難民描述，在離開越南水域不久，就遭遇洶湧波濤。他們的船在海上被海浪拋了五天五夜。第六天晚上，一個強烈風暴襲擊，咆哮的海浪灌入狹小的船艙，留下一個大洞，使海水湧入船上。人人都以為大限已到，但多虧靈巧的手和一位優秀的船長，他們沒有沉沒。從那天晚上持續到隔天，他們奮力掙扎求生。到了傍晚六點左右，終於看到泰國海岸，便把船駛向那裡。夜幕降臨，船再也無法浮在水面上，他們唯一的生機就是游到岸邊。共有九十七人命喪大海。婦女們為丈夫哭泣，母親們為孩子哭泣，兄弟為姐妹哭泣。海灘上到處傳出悲傷的哀嚎。當地的強盜搶走他們的錢財。最後，泰國警方將難民裝上卡車，送往宋卡市的難民營。

鴻再告訴桃，一艘難民船在北大尼附近靠岸，只載著從金甌港離開越南的三十人。在頭兩天兩夜，他們航行得很輕鬆，但到了第三天，在接近距離斷島僅二十英里的泰國水域時，遭到海盜襲擊。偽裝成漁民的海盜搶走了他們的衣服和財物，船上的婦女全部都被強姦兩個回合。海盜離開後，小船繼續尋找靠岸的方法。翌日，同一批海盜又回來，仔細搜查以確保之前沒有遺漏任何財物，然後再度強姦船上的婦女。經歷了兩次殘酷的襲擊，船民還是數次設法靠岸，但每次都被海警將船拖回海中。

兩天之後，三艘海盜船同時襲擊他們。由於已經沒有東西可以搶而大發雷霆，開槍打死了兩名難民，並將他們的屍體扔進海裡。他們還將另外四人扔下海，任其遭受附近鯊魚的攻擊。其中一名年輕人設法逃脫，游到很遠的地方，抓住一個被人扔下海的桶子，然後躲在桶子的後面。海盜們開著他們的船撞擊這艘難民船，四個受到驚嚇的小孩，抓起可漂浮的塑料容器跳入水中。船被撞出一個大洞，海盜認為船很快就會沉沒而離開。但是船沒有沉，小孩被拉出水面，繼續在海面上漂浮了三天三夜。在那段時間裡，他們又遭受不同的海盜襲擊兩次。這些海盜搶走他們僅存的幾件衣服，並強姦船上的婦女，但沒有殺死任何人。終於在第二天早上，船被獲准靠岸，警察將他們帶到宋卡府。船上最年輕的婦女只有十六歲，總共被強姦了十二次，看起來已經發瘋。

聽著鴻娓娓道來，桃忍不住流下眼淚。有誰知道每天有多少殘忍的事情發生嗎？她的肩膀顫抖著，再也抑制不住內心湧動的痛苦。她永遠無法理解，人們怎麼會如此殘忍地對待彼此，也許世界末日就在眼前？她哭了很久，在停止哭泣的時候，月光已經照在頭頂。她看到鴻安靜地坐在月光下，宛若一尊銅像。鴻輕聲道：「為了減輕妳的痛苦，我讓妳一直哭。現在，去泉水邊洗把臉吧，那會讓妳恢復精神。我們可以在睡前念經。已經很晚了，明天我必須早點離開。」

◇◇◇

這是桃在島上的第五天。她知道，鴻直到天黑後才會返回，所以在等待時一點都不擔心。她眺望大海，尋找可能經過該島附近的任何船隻。她聽從鴻的建議，把一件衣服綁在一根棍子上，如此一來，若是發現有船，就可以跑到岸邊，揮動衣服。可是，一整天過去了，桃沒有看到任何船的蹤影。

鴻回來後，告訴桃在附近海域看到許多難民船。每艘靠近岸邊的船都受到警察要開槍的威脅，或被拖回國際水域。鴻遇到一艘馬達壞掉的小船，漫無目的地漂浮在北大尼外海。船上有五十個人，除了一個氣若游絲的人外，其他人都死了。他們已經耗盡所有的食物和水。

鴻還看到一艘泰國漁船拉著一艘難民船駛向宋卡府。漁民因為害怕救助難民被警察抓到，上岸前就剪斷繫住兩艘船的繩索。當一艘海盜船靠近時，難民船正試圖靠岸。這些海盜奪走難民擁有的所有珠寶、金錢和好衣服，但沒有強姦任何婦女。難民船終於靠岸，難民們被送到宋卡難民營。

鴻露出笑容，又向桃講述在泰國灣多次遇到一艘奇怪的船。這是一艘名為「訕滴素號」（Shantisuk）的泰國漁船。鴻注意到船上有各式各樣的漁具，包括用於捕捉大魚的魚槍，但從未見過船上的八名「漁民」在捕魚。鴻看到他們給難民提供食物、淡水、汽油和海圖，這些海圖指出危險的暗礁以及難民營的位置。鴻有一次跟著訕滴素號到達北大尼港口，該船停泊在其他漁船之中，看起來一點也不顯眼。

鴻欽佩這艘船暗中背負的使命，開始給予更多的關注。雖然船上只有八個人，但他們使用四種不同的語言——泰語、法語、英語和越南語來互相交談，其中包括四名越南人、三名泰國人和一名法國人。鴻游在船的旁邊，漂浮在附近的水面上，以便能聽到他們的交談。

看來船上的每個人都是素食主義者。一天早上，鴻看到一位越南婦女將一些夜間跳上船的飛魚扔回水中。她還看到，這名婦女放生了一些她從沿岸的小漁船買來的活魚。鴻注意到這位婦女會跟這些魚說話，內心非常感動，對她產生一種特殊的親切感。有好幾次，那位婦女注意到鴻，呼叫其他人過來看。

鴻知道這些人不會傷害她，所以毫不畏懼地與他們的船一起游。藉著聆聽他們的談話，她很快就明白，為什麼他們的營救任務需要祕密進行。泰國、新加坡、馬來西亞和印尼政府不想在他們的海岸上收留難民，對任何在海上拯救難民的努力都感到不滿。這些政府寧願讓難民死在海上，也不願讓自己的國家承受收留難民伴隨的經濟和政治問題。訕滴素號為了救人不得不偽裝成一艘漁船。船上的泰國人包括一名來自農村的年輕僧侶，不同意自己國家的無情政策。他們八人都是一位靈性導師的弟子，這位靈性導師住在泰國北部素貼山山頂上的一個小型隱修所。

訕滴素號上的越南人已成為其他國家的公民。若是以越南籍身分，他們將無法獲得進入泰國、馬來西亞、新加坡和印尼的必要文件。船上的法國人叫讓保羅，曾是法國布列塔尼海岸附近的一名水手。他可以像鴻的祖母一樣打坐，有一次鴻看到他在船的舵輪旁邊盤膝靜坐。

鴻知道他們在船上放了很多乾糧，包括讓保羅特別喜愛的幾包泡麵。雖然訕滴素號並非真的漁船，但曾在泰國海域遭到海盜襲擊過一次。那艘海盜船配備雷達，以及八百馬力的發動機，速度極快。海盜拿槍威脅船上的人，奪走他們的錢財和食物。海盜沒有尋找珠寶或黃金，因為他們知道這不是一艘難民船，也沒有傷害船上的男女。每個人都安靜地坐著，任由海盜拿走他們想要的東西。

這個襲擊事件發生後，船長盧克建議買槍自衛。這引發了一場持續幾天幾夜的辯論。鴻凝神傾聽他們交談，明白他們的困難處境。盧克的建議被船上的幾個人拒絕。作為和平主義僧人的弟子，他們不想使用武器保護自己。但盧克說：「有槍不意味著我們要殺人。」盧克過去是一名出色的射擊手，相當肯定他們可以向空鳴槍或射擊海盜身上的小東西，從而嚇退海盜。船上的那位婦女微笑地表示，只有怯懦者才會想到用槍，如果他們的動機是幫助別人，就會受到保護。她說：「在我們下山前，師父告訴我們，必須尊重生命的神聖性，只用愛來回應仇恨和暴力。他告訴我們，即使是海裡的魚也不能傷害。」

盧克反駁：「槍只是一種外在東西，重要的是我們如何使用它，我們能以完全非暴力的方式使用槍。我相信師父也會同意我的看法。」

然而，在這些爭論中，他們最緊迫的擔憂是海盜已經發現他們是外國漁民。海盜來自位於沙沒沙空府區的瑪哈猜，那個地方名聲不好，很像越南的鹽橋。

盧克說：「如果瑪哈猜海盜想要騷擾我們，我們將無法繼續這個計畫。我們都是成年人，必須自己做決定。我們不能帶著所有問題跑回山上，詢問師父的建議。」於是，討論繼續進行。

在那之後的一段時間裡，鴻沒有再遇到訕滴素號。但就在前一天，鴻在馬來西亞北岸附近看到了它，並聽到一些他們與海盜打交道的事情，令人感到振奮。在瑪哈猜，盧克設法結交襲擊他們的海盜首領，一個名叫塔納，簡稱塔的男子。此人武術造詣頗深。盧克獨自前往瑪哈猜去找塔。盧克接近塔時，臉上露出的堅毅表情讓塔的追隨者感到震驚，尤其是在盧克將試圖擋住他的其中一個人扔在地上時。聽見盧克詢問塔的下落，幾個海盜立即向塔發出警告。塔邀請盧克到他家中，請他坐下，然後突然使用空手道襲擊盧克。盧克反應迅速，閃開身子以免被擊倒，再淡定地坐回原位。塔從桌上抓起一把鋒利的刀子，氣勢洶洶地刺向盧克。盧克沒有試圖去抓刀子，只是偏身避開塔的刺擊。在發動第二次攻擊後，塔不再試探盧克，而是將他認作兄弟，稱讚他的勇敢和身手。

塔需要一名優秀的射擊手，遂邀請盧克加入他的海盜集團。他還承諾會命令追隨者歸還從訕滴素號搶來的所有東西。塔仍然以為盧克的船是一艘漁船。他建議盧克賣掉訕滴素號，成為一艘配備雷達、擁有八百馬力的船的船長。

盧克不敢直接拒絕塔的提議，回覆需要一些時間考慮並與朋友討論。盧克還說，他需要一把槍來對付海盜。塔表示認識一些警察，可以安排發給盧克槍枝許可證。盧克暗想，塔居然有這麼大的權力，真是奇怪。盧克在一個小時內就拿到許可證，但因為他的朋友們仍然拒絕在訕滴素號上攜帶槍枝，所以他沒有買。

盧克的船沒有再受到塔的手下騷擾，但其他海盜仍然構成威脅，其中包括一個以德樂為基地的海盜團體。在鴻的心目中，訕滴素號的做法最為明智，就是遇到海盜船時全速逃跑。但船上的人擔心，許多海盜船配備雷達和槍，可以航行得更快。在該地區出現難民之前，海盜襲擊馬來西亞和泰國的漁船，有時在洗劫後會殺死船上的漁民。泰國海警經常派出巡邏隊，仍無法摧毀海盜的據點。最近，一名泰國警察大隊長率領的整支巡邏隊，在沽島附近被海盜殺害。訕滴素號也曾在那裡幾乎遭到海盜搶劫。

一天晚上，從德樂起航後，訕滴素號朝著象島和沽島航行，盧克發現了兩艘船。多虧他擁有敏銳的觀察力，盧克在距離五百碼外就猜到他們不懷好意。航道很窄，他們知道如果繼續向前航行，不可能避開海盜。讓保羅觀察到，儘管白天的光線仍然明亮，但兩艘船卻閃爍燈光，相互發送信號。為了查明他們是否為海盜，盧克將船轉向右邊，看看他們會採取什麼行動。在又交換了一個閃燈信號後，兩艘船也偏向右邊航行，試圖擋住訕滴素號。在船邊的鴻開始著急起來。突然間，訕滴素號掉頭轉向，全速逃回德樂，那裡仍停泊許多其他船隻。翌日凌晨三點，訕滴素號與其他漁船一起出海，以免遭到襲擊。從那時起，訕滴素號不再繞著德樂航行。

海盜為所欲為已有一段時間，沒有人能控制他們。當海盜首次在難民船上發現黃金後，消息就像野火般傳播開來。很快地，海盜在海上劃定可以攻擊難民船的地盤，特別是在最多難民船經過的沽島和象島附近。由於貧困交加，海盜的數量與日俱增。許多人並非「專業海盜」，沒有槍，改而攜帶刀子、錘子和棍棒。泰國當局很清楚海盜的活動，但因為不想讓更多的難民上岸，所以故意忽視海盜的暴行。然而，即使當局想要控制海盜的行為，也不太可能做到。

有一天，當訕滴素號停靠在尖竹汶府時，一名泰國男子走近盧克，建議他們使用小艇出海尋找黃金。盧克回問到哪裡可以找到黃金，這個人回答說，他知道在沽島附近的一個小島上埋藏著一些黃金。盧克仔細詢問後得知，這名男子是一個十八名海盜集團的唯一倖存者，他們在沽島附近搶劫了四艘難民船，然後將黃金埋在附近的一個小島上。不久後，他們又被一夥闖入地盤的海盜襲擊，除了他之外，其他人都被殺害。現在，他想讓盧克陪他去島上取回黃金。盧克一口回絕，聲稱自己沒有膽量這麼做。鴻知道真正的原因是，盧克並非來泰國灣淘金。

鴻告訴桃，難民碰到的最大危險就是海盜。海盜的活動如此猖獗，以至於幾乎每艘難民船都至少遭受過一次襲擊。有些人被襲擊了十多次，平均為三、四次。一些海盜是無情的野蠻人，另一些在洗劫財物後，對難民產生同情，同意將他們拉近岸邊。一些海盜搶劫和強姦船上的難民後，殺死了所有人，並將船弄沉。還有一些只奪走錢財和衣服，沒有碰船上的婦女。

桃聽著鴻的講述，感到渾身發抖，覺得自己的勇氣正一點一滴地流失。但鴻向她保證，會想辦法幫助桃到達海岸，不會再遇到海盜。那天晚上，桃請鴻教她念《心經》。她知道，經文會幫助她找到平靜，並使她更加堅強。桃為自己和所有故鄉同胞的命運感到悲傷，甚至在睡夢中也流下眼淚。

◇◇◇

翌日早晨醒來，桃知道鴻已經回到大海。她走到泉水邊洗漱，吃了一塊餅乾充飢，又喝了泉水。桃爬上陰涼處的一塊大石頭上，試著靜坐。她以前從未靜坐過，但現在模仿盤腿的姿勢，保持背部挺直。她曾聽人說過，呼吸是禪坐中最重要的部分，於是她開始安靜地深呼吸，臉上放鬆並微笑。十五分鐘後，桃感到輕鬆和神清氣爽，身心都變得相當沉穩。

桃開始念誦《心經》。念了好幾遍後，她發現自己在模仿鴻的聲音，不禁笑了出聲。她不明白經文的含意，但它們的聲音令人愉悅和寬慰。她對其中一段特別印象深刻：

舍利子，是諸法空相。不生不滅，不垢不淨，不增不減。是故空中無色、無受想行識。

她覺得，如果重複念這段話一千遍，有可能會明白經文的深意。這段話輕柔如浮雲，又如雷霆霹靂。桃知道它蘊含非常重要的意思，縱使無法理解其含意。同時，她知道自己明白了一些東西，但不確定具體內容。她只知道她被那段話深深吸引。

桃見鴻比平時回來得更早，就停止了念誦。太陽正掛在頭頂上方。桃跑過去迎接鴻，把鴻帶到陰涼處，再去打水。喝完水後，鴻看著桃說：「姐姐，準備下午橫越到對岸吧！」

不等桃提出問題，鴻繼續說：「大約三個小時後，一艘難民船將會經過這裡。妳有足夠的時間做好準備，帶走所有的餅乾和那袋衣服。當船靠近時，告訴他們可以上岸，將水桶重新裝滿水。我會引起他們的注意，確保他們看到妳，並來接妳。」

桃抓住鴻的手臂，「妳願意和我一起去嗎？我很害怕。」

鴻笑道：「我何必過去對岸呢？我需要留在這裡。我必須繼續尋找我的母親並幫助陷入困境的難民。今天是泰國新年，每個人都留在家裡慶祝，看不到海盜船，甚至連漁船也沒有。我們下去海灘吧！我將在沙灘上畫出從這裡到沽島、從沽島到象島，以及從象島到尖竹汶府的欣岬區的路線。該地區的地方村民會將難民接上岸，並為他們提供食物、飲水和藥品。到了明天，警察就會護送妳和其他人到欣岬難民營。」

鴻領著桃下去海灘，用手指在沙子上畫了一張泰國灣的地圖，向桃解釋所有的細節。鴻仔細地指出暗礁的位置，告誡桃應如何細察海面，遠離海浪顯示會有巨大暗礁之處。鴻還教桃如何根據太陽和星星以及沽島和象島的位置，來判斷方向。然後，她抹掉地圖，要桃重新畫回，並複誦剛才告知的一切。鴻再把桃無法完全瞭解的內容都重複一遍。

事畢後，她問桃：「妳在歐洲、澳大利亞或美國有認識任何人嗎？」

「有，我在法國有一個叔叔。」

鴻建議她：「當妳進入欣岬難民營時，馬上寫信給妳的叔叔，並請每週訪問難民營並幫助難民的牧師凱勒姆為妳帶到尖竹汶府郵寄。請妳的叔叔發電報給在馬來西亞比農島難民營的達，那裡就在瓜拉登嘉樓海岸附近，告訴他妳還活著，人在欣岬難民營。妳也可以自己寫信給達。妳還要告訴聯合國代表，有一個叔叔在法國，想提出重新安置在那裡的請求。達也計畫申請去法國，不是嗎？提醒他去法國需要提出特別的申請。當妳到達難民營後，請不要忘記去看醫生，私下告訴他，妳不希望自己的身心遺留海盜留下的任何傷疤。」

桃抬起頭，看到鴻的眼中泛起兩顆閃亮的淚珠。她緊緊地抱住鴻，「妹妹，我會照妳說的去做，我會再見到妳嗎？」

鴻輕輕地從桃的懷裡移開，領著桃坐在陰涼處的一塊大石頭上。她回答：「我可能有機會再見到妳，但我不確定。所以現在，讓我們把這看作是相聚的最後一個下午。姐姐，聽著，現在湧現的難民如此多，以至於所有的鄰國都同意採取強大的措施來拒絕難民入境。他們正密切巡邏海灘，以防止難民上岸。但這還不是全部。他們也計畫組織反難民的示威活動，為其強迫難民回到船上，並將他們拖回國際水域的做法，尋求大眾的支持。如果他們實施這樣的計畫，我們所有的人都會喪命。我希望國際輿論能夠阻止那樣的行動。還有，一旦到達難民營，妳必須警告我們的同胞，做好自衛的準備，攜手合作設法防止此類行為的發生。即使在晚上，妳也必須保持警覺，做好抵抗的準備。如果妳被命令回到船上，務必拒絕，即使他們用槍指著妳的胸膛。萬一看到他們打算貫徹以暴力威脅的計畫，妳必須想辦法擊沉或摧毀留在難民營外的岸邊的所有船隻。

「在妳即將進入的難民營，生活非常艱苦，就像在宋卡府、比農島、登加島、檳城和這個地區的許多其他難民營一樣。妳將不得不在那裡待四個月、六個月、甚至八個月。如果可以的話，姐姐，作為對我的特別報答，請把妳所有的精力都奉獻給在難民營裡受苦受難的人吧！」

鴻抬頭笑了起來，縱使眼裡還含著濕潤的淚水。「我有一些好消息。盧克船長再去與塔見面，這次他告訴塔訕滴素號的全部真相。他說：『騎士從不欺壓人民，你也許可以暫時從富人那裡搶奪金子幫助飢餓的人，但永遠沒有殺人或強姦婦女的權利。你的追隨者絕對不能玷汙你的名聲。』盧克非常勇敢，塔承諾將向追隨者下達這樣的命令。

「但是，姐姐，海上有數百個海盜集團。也許塔的少數追隨者不會威脅難民的生命和健康，但其他的人就不會嗎？訕滴素號自己也正受到其他海盜團的威脅。我擔心，很快他們將無法再航行了。我為他們的生命擔心。說不定素貼山上的師父會因為海上的危險，把他們召回來。不過，瞧，就在遠處，即將救妳的船正在靠近！拿起掛著衣服的樹枝，我們去海邊吧！」

在東方地平線上，桃看到一個黑點，漸漸地變大，直到最後終於看清楚是一艘難民船。鴻說：「等他們靠近一點，妳就揮動衣服。不要把我的事告訴船上任何人，好嗎？我會游出去引起他們的注意，以使他們看到妳的求救信號。記住，按照我告訴妳的話去做，尤其要記住，一抵達岸上就摧毀妳坐的船。」

鴻緊緊地擁抱桃，然後像個孩子一樣，放開了桃，向大海跑去。她潛入海中游走，最後桃再也看不到她了。桃來回揮舞棍子上的衣服。她一直揮舞著這個旗幟向前走，直到水深到膝蓋。那艘船看到了她的信號，舵手改變航向，朝島的方向駛來。

## 故事背景介紹

這篇故事講述苦難、慈悲與智慧。為了達到最深刻的體悟，我們必須理解苦難。故事以桃漂流到一個偏遠的島嶼拉開序幕，然後在她即將離開島嶼而告終。如同靈性修行之途，我們會短暫遠離世界一段時間，但在某個時刻必須應用修行的成果，重新進入世界並幫助眾生。粉紅魚代表慈悲與智慧，海盜代表貪瞋癡三毒。船民夾在其中，代表陷入無邊無際的苦難之海。

故事是根據作者在南海試圖拯救漂流的船民的經歷所撰寫，由於傷痛如此巨大，作者覺得如果直接講述，可能會讓人無法承受，便改寫成一篇短篇故事。他和幾位好友參與拯救和援助在海上漂流的越南船民的計畫，其中許多人在泰國和馬來西亞沿海被拒絕上岸。鴻描述的事件來自這些船民親口講述。「訕滴素號」是一艘真實存在的船，由真空法師租來拯救船民。鴻所描述的強姦和謀殺、淹死和冷血的故事，是基於許多人的真實經歷。有關船民逃難的描述，請參見上面提到的書籍《真愛的功課》。本文由 Mobi Warren 翻譯成英文。

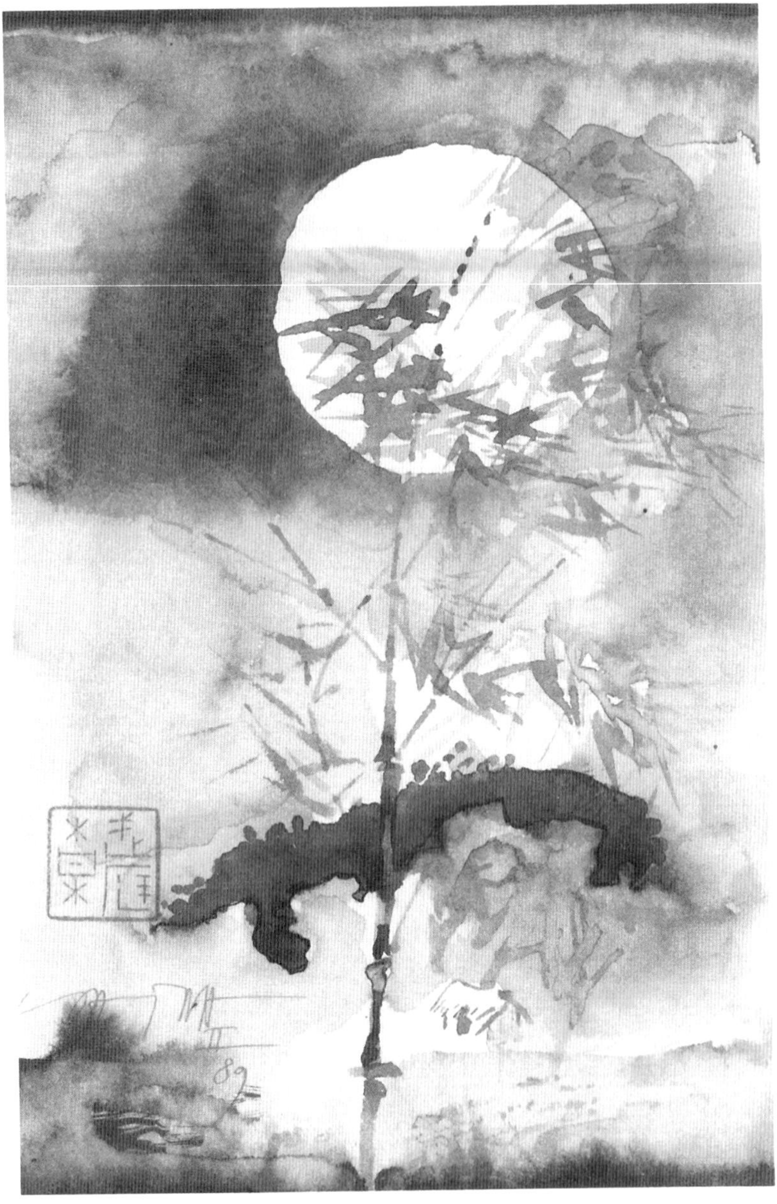

# 月竹

柚子挖完最後一捆竹筍時，已經接近傍晚。她將竹筍扛到肩上，沿著小路離開竹林。她的兩位表姊檸檬和橘子坐在山坡上的榕樹下，悠閒地互相梳著頭髮，等著柚子回來。她們終於看到她回來，便撣掉衣服上的塵土，將自己的那捆竹筍扛在肩上，與柚子一起步行回家。

那天從一大早開始，柚子一直辛苦地幹活。檸檬和橘子只隨手挖了幾根竹筍就停下來，坐到樹蔭下乘涼。柚子小心翼翼地挑選最鮮嫩的竹筍，先為表姊採好兩捆，再挖自己那一捆。她知道，如果挖到任何不甜不嫩的竹筍，肯定會被阿姨痛打。

從成為孤兒並被阿姨收養的那天起，柚子一直忍受著虐待和殘酷的對待。由於柚子長得比較漂亮，表姊們都心懷妒意，總是設法使她與其母親產生衝突，縱使她常常幫忙做她們的工作。

三個女孩到達一座緊臨泉水的樹林，放下了竹筍，稍作休息。檸檬喊著肚子餓，想要吃一顆山稔果。少女們興高采烈地摘了些果子，躺在草地上享受酸酸甜甜的滋味。沒過多久，月亮升起來，柚子催促表姊們回家，但她們沒有理睬。檸檬想跳入清涼的泉水裡游泳，於是三個女孩脫光衣服，跳進水裡，一邊嬉戲，一邊咯咯地笑和喊叫。

突然間，柚子聽到有人低聲清嗓子的聲音。她轉身尋找，不見任何人影。她確定聲音來自一個男人，而不是表姊，抬起頭，驚訝地看到月球上有一個年輕的農夫倚著鋤頭，低頭看著她微笑。柚子感到非常羞慚，潛入水中躲起來，而檸檬和橘子不知道有人在看她們，仍然繼續玩水。當一些雲層飄過遮住月亮時，柚子從水裡鑽了出來，匆匆忙忙穿上衣服。檸檬和橘子以為柚子不想游泳了，於是朝著她喊：「來吧，柚子！我們再游一會兒！妳怎麼這麼急著要回家？」

柚子沒有回答她們，而是抬頭向上看。柔和的月光透過散開的雲層灑下，三個女孩都看到了那位年輕的農夫，但他並沒有看檸檬或橘子，他的目光只是看向試圖躲在茂密樹枝下的柚子。表姊們對柚子受到特別關注感到不滿，設法分散這個年輕人的注意力，但都無濟於事。片刻後，濃雲再次遮住月亮，兩個表姊生氣又失望，爬上岸邊，穿好衣服，扛起各自的竹筍。在回家的路上，檸檬和橘子都沒有跟柚子說話。那天晚上，月亮沒有再露面。

柚子的阿姨七嬸罵她回家太晚，並且挖的竹筍太老。事實上，她挖的竹筍都很鮮嫩，正適合吃。老竹筍其實是心不在焉的表姊們摘的。但她們假裝不知道，讓柚子承擔所有的責任。當然了，晚回來也不是柚子的主意，她們也都知道這一點。柚子的阿姨可能也了解真相，但她已經養成把所有問題都歸咎於柚子的習慣。

翌日晚上，村民們籌辦一場滿月慶祝活動，但柚子不被允許去。為了防止柚子獲得月球上那個男子的所有關注，檸檬和橘子告訴母親，柚子應該留在家裡保護豬，以免被竊賊偷走。她們還把柚子僅有的一件體面衣服藏在米桶裡，知道她不敢穿著破爛的家居服冒險出去。

村裡的鼓聲不停歇地敲了一整夜，在柚子充滿焦慮的心中迴盪。一年當中的滿月慶祝活動那麼少，歌舞之夜那麼少，她卻無法在場同樂。為了緩解失望，柚子從門廊上凝視月亮。夜空中沒有一朵雲，月光皎潔，但今晚沒有那位年輕的農夫鋤地的跡象。難道他不知道下面的地球上正在舉行慶祝活動嗎？皎潔的月光和隆隆的鼓聲，讓柚子感到難以忍受的失望。她決定不顧阿姨的命令去參加慶祝活動。可是，當她進屋換衣服時，卻找不到那件體面的衣服。她知道一定是表姊們把它藏了起來。她到處尋找卻徒勞無功，最後灰心地坐下來，思考自己的處境。

她想起阿姨和表姊們在過去幾年是如何對待她，她想起無數次的挨餓，想起所忍受的毆打和咒罵。檸檬和橘子每年都有一套新衣服，而柚子已經三年沒有獲得任何新的衣服，現在連那套破舊的漂亮衣服都被藏了起來。越想自己的處境，她心中的積怨就如潮水般湧了出來。「她們怎麼可以這樣殘忍？」她想。「我從不傷害她們，她們卻總是傷害我。」於是，她決定要逃跑，只帶著自己所有的一把刀子，走了出去，鎖上身後的屋門。她獨自走入森林，想要展開新的生活。

那天深夜，檸檬、橘子和七嬸回家後，到處都找不到柚子。她們猜想，她一定是穿著破爛的衣服，偷偷溜出去參加滿月慶祝活動。阿姨宣稱，明天早上起來要打柚子，因為她竟然敢不聽話。但是翌日柚子仍然沒有回來。檸檬不得不去水井打水、做飯和打掃房子。橘子也需要去沼澤中採浮萍，並為豬煮麩粥。她們一邊工作，一邊詛咒柚子，如果柚子在的話，就不用做這樣的工作而弄髒手。幾天過去了，還是沒有柚子的蹤影，她們知道她逃跑了。沒有柚子，家務事都陷入停頓，阿姨和表姊們這時意識到，她們從前是多麼依賴她。檸檬和橘子只願意做最基本的工作，比如去水井打水和做飯，忽略了其他的家務事，譬如整理房子、掃地和擦洗、照料菜園和餵養牲畜。柚子失蹤的消息迅速傳開，村民們都清楚，她因為受不了阿姨的虐待而逃跑。

村裡有一個小伙子叫做石榴，心地善良又勤勞。他愛上了柚子，要母親向七嬸請求，讓姪女嫁給他。但七嬸回答，必須先為檸檬和橘子找到丈夫。她建議石榴娶女兒檸檬，但被石榴斷然拒絕。柚子知道這一切。她知道石榴深愛著她，而她也對他產生情愫，可是她還沒有想過婚姻大事。

一天早上，石榴到七嬸家，打聽柚子失蹤的消息，發現七嬸僱人在森林裡尋找柚子。這些人帶著弓箭和長刀，看起來更像是準備去捕捉野生動物，而不是尋找一位年輕的姑娘。石榴加入了他們，但經過三天的搜索，沒有找到柚子的蹤跡。他們得出結論，她必定被一條蟒蛇活生生吞食，或者被老虎吃掉，屍骨無存。石榴懷著沉重的心情回到家，三天三夜都吃不下任何東西。

當然了，七嬸也感到遺憾，但她的遺憾是失去一位優秀的女傭。眼看著家庭瓦解崩裂，她開始斥責檸檬和橘子，家裡的氣氛變得越來越令人難受。

◇◇◇

有一天，在森林裡採集野生無花果時，柚子聽到一群人靠近的聲音。她迅速尋找躲藏的地方，發現一棵樹上有個空洞，大小剛好足夠容納她。她藏在那裡坐著，聽到這些男人的談話，得知他們受僱於阿姨來尋找她。她知道，如果回到阿姨身邊，肯定又會被毒打一頓。所以，她一動也不動地坐著。

過了一會兒，當中一個人說：「我們到處都找過，她可能被老虎吃掉了，我們回家吧！」

柚子等到男人都已遠離，才敢再正常地呼吸。她小心翼翼地從樹上爬下來，擔心如果被他們找到，將會發生什麼事。

柚子知道，從那之後，應該再也沒有人會來找她。她鬆了口氣，砍下一些樹葉和樹枝，蓋了一間小屋。她對這座森林瞭如指掌，毫不費力就找到可以食用的水果和野菜。她很幸運，沒有遇到任何毒蛇，但經常遇到兔子和鹿，不過她並不想獵殺牠們作為食物。

有一天，柚子在挖竹筍的時候，偶然發現一根剛冒出的竹子嫩芽，像蘆筍一樣光滑，像玉蘭花和橙花一樣芬芳。她用刀挖出嫩芽，小心翼翼地避免傷到根部，然後帶回到小屋的旁邊種下。柚子每天都給嫩芽澆水，看到它長成一棵結實的竹子，枝幹翠綠，葉子光滑並有光澤，感到非常喜悅。她繼續深情地照料著它，沒過多久，小竹子就長到她的茅屋屋頂的三倍高。

有一個晚上，天氣又濕又熱，令人難以入睡，柚子決定去附近的清涼溪流中沐浴消暑。月光照亮森林，柚子濺了一身水，想起很久以前的那個晚上，她和表姊們停下來游泳。當柚子抬頭看月亮時，竟然又看到那位年輕的農夫在鋤地，吃驚地倒抽一口氣。他低頭俯視，朝著她微笑。

柚子感到害羞和尷尬，趕緊沉入水下，只露出鼻子和眼睛在水面上偷瞧對方。片刻之後，雲層飄過，遮蔽了月亮。柚子從水裡衝出來，穿好衣服，跑回小屋。那天晚上，月亮沒有再露面，烏雲在天空中翻滾，一場大風暴猛烈襲擊，整晚都下著傾盆大雨。

當黎明的第一道曙光出現時，柚子被淹沒小溪兩岸的嘩嘩水聲吵醒。水從山上傾瀉而下，沖到柚子的小屋四周。風呼嘯而過。柚子向外望，入眼只見怵目驚心的洪水。她不知道該如何自救。水沖入了茅屋，淹到和她的腳踝一般高，然後到她的膝蓋。在驚慌失措下，她匆促地跑到外面，緊緊抓住那根竹子。

她開始爬上竹子，爬到與小屋的屋頂一般高時，向著森林眺望，但入眼所及只是一片巨大的銀色雨簾。隨著洪水的上漲，她再繼續往上爬，兩隻胳膊和兩條腿緊貼著竹幹。儘管上升的洪水沖向它，竹子仍舊筆直而堅固。繼續往上爬，柚子很快發現自己比森林裡最高的樹木還要高，然後開始感覺竹子本身也在向上伸展，綠色的竹葉在傾盆大雨中時隱時現。

一陣大風吹來，導致竹子傾斜，一直彎向柚子從前居住的村落，正好停在阿姨家的上方。柚子看著故居，坐落在檳榔樹之間，檳榔樹在風中瘋狂地搖晃。她知道，如果願意的話，可以跳到屋頂上。但她沒有忘記，多年來遭到阿姨和表姊的虐待。她猶豫了。她應該跳到安全的地方嗎？不，她寧願死，也不願回到原來的生活。就在這時，竹子彈了回去，朝著月球延伸。柚子看到月球表面只在幾碼之外，鼓起剩下的全部力量，爬上竹子的最後一節。她伸出腳，踏上了月球。

月球陌生的表面似乎廣漠無邊。岩石、土壤和沙子都是金黃色，不像柚子在地球上所知道的棕色、紅色和黑色。她看到前面是一畝畝奇怪的稻田和菜園，遠處有一些小村莊。這裡的房子有很多窗戶，而且比柚子所知道的茅草和棕櫚葉搭蓋的房子，還要堅固。

然後，柚子聽到鳥鳴聲，抬起頭看。她從來沒有見過色彩如此斑斕的鳥兒！牠所棲息的樹枝光滑如石，與她所知道的任何樹枝都不一樣。柚子面對接二連三的驚奇。她沿著田邊一條蜿蜒的小路走，發現它通向一間整潔的小房子。她在門口猶豫地停下腳步。

忽然間傳來男人清嗓子的熟悉聲音，讓柚子大吃一驚。她轉過身，看到在地球的水塘沐浴時見到的那位年輕農夫，就站在面前。他的鋤頭搭在肩上，露出彷彿剛發現黃金般的開心笑容。

柚子不敢說話，但她知道不能只是站在那裡，畢竟是自己決定來月球的。她深吸一口氣，讓自己平靜下來，問道：「這裡是你的家嗎？」

年輕農夫點點頭。「妳是剛登上月球的地球女人嗎？」

他的語言對她來說十分陌生，但不知怎的，柚子聽得懂他的話。她點頭道：「地球上發生洪水，所以我爬到這裡，過幾天我就回家了。」

年輕人邀請柚子到他家，端給她一杯提神的飲料。他們坐下來聊了很久。柚子得知，他的名字叫作丹，孑然一身，父母已經雙亡，兩個妹妹都嫁到遙遠的村莊。丹擁有並照料幾畝的田地，上面種植一種奇怪的稻子、番薯，以及許許多多的果樹。他獨自照料所有的田地。

柚子害羞地說：「這不是我第一次見到你。」

丹笑了起來。「這確實不是第一次見到妳。第一次是妳和另外兩個女孩出去採竹筍的時候，妳們三人在水塘中游泳。然後我又看到妳幾次，獨自在森林裡搭建一間小茅屋，照料一棵幼竹，採摘野果和野菜。昨晚又見到妳了，一個人在水裡洗澡。」

柚子想起前一晚，當時月光皎潔。她低下了頭，看到自己身上的破爛衣服，感到羞愧，伸手遮住衣服破洞中裸露的肌膚。

丹柔聲說道：「請不要擔心，柚子小姐。」他走進內屋，遞給她一套么妹從前穿的衣服。柚子猶豫了一下，最後接受了。丹帶她進入臥室，讓她一個人留在那裡，關上身後的門。柚子脫掉被雨淋濕的破舊衣服，拿起丹給她的奇異服裝端詳，試了幾次才找到正確的穿著方法。

她走到外面，問丹是否可以洗自己的舊衣服，這樣當她回到地球時，就可以交還他妹妹的衣服。丹帶她到一條清澈的小溪畔，等候她洗完舊衣服，倆人一起回家，他為她準備了一頓飯。他把食物放在一個奇異的盤子裡，沒有準備任何筷子。柚子看著丹學習如何吃飯，感到有點尷尬。晚飯後，丹向她詢問在地球上的生活，柚子一五一十娓娓道來，他專心地聆聽。得知她的處境後，他對她的感情和愛意進一步加深。當她剛說畢，他馬上問她願不願意做他的妻子。

「我們可以一起照料這些土地，柚子。這裡有很多吃的，為什麼要回去妳的阿姨和表姊只會虐待妳的地球？妳不能永遠住在森林裡，只吃水果和野菜，最終妳會生病並死去。」

柚子考慮了一會兒，下了決定：「好，我願意成為你的妻子。」

柚子學會丹的語言，不久就可以與丈夫和其他村民流利地交談。她也很快學會如何在月球上照料田地。轉眼間，兩人一起建立幸福且安穩的生活。柚子生了兩個孩子，以出生的季節為他們取名，長子叫做夏，女兒叫做春。

◇◇◇

有一天，七嬸帶著兩個女兒走進森林深處採筍，偶然間發現一間廢棄的小屋，立刻猜測它是柚子居住的房子，而且姪女可能還活著。當她看到那棵伸向月亮的竹子時，她確信柚子已經爬到月亮上，現在就住在那裡。她想爬上去說服柚子回來，但因為太胖而爬不上去，兩個女兒也因為太虛弱且懶惰，而無法爬上去。

由於還是大清早，月亮尚未落下。抬頭望著那顆白色星球，七嬸似乎看到竹子頂端的葉子在月球表面飄揚。再仔細端詳，她忽然瞥見柚子在月球的田地裡幹活的身影。「她仍然很勤勞，」阿姨心想，「從她離開的那天起，我就了解到她的寶貴。」

七嬸策畫如何把柚子帶返地球。她呼喚女兒回來，一起走路回家，途中在心裡盤算著計畫，嘴角露出一抹陰險的笑容。

翌日，七嬸去了市場，告訴所有人，任何人只要能夠爬到月球把柚子帶回來，就可以娶她為妻。到了晚上，周圍村莊的所有年輕人都聽說了這個提議。有很多年輕人希望娶柚子，但因為七嬸想先給檸檬和橘子找丈夫而受阻。他們的機會終於來了，共有十六個人聚集在七嬸的家中，其中包括善良英俊的石榴。

七嬸領著他們來到森林裡的柚子小屋旁的那棵竹子前，茅屋已經傾斜一邊，而且屋頂幾乎已經沒有茅草。然而，竹子依舊挺拔，竹幹如翡翠般晶瑩剔透，頂端的葉子刺破了雲層。

其中一人問：「我們怎麼能確定這棵竹子真的能夠到達月球？」那日的天空陰沉，沒有人看得到月亮。

七嬸回答：「相信我，我親眼看到柚子在上面的稻田裡幹活。誰登上了月球，就告訴柚子我很想她。告訴她，如果回來的話，我會永遠愛她，再也不會打她，也不會對她吼叫。」

第一個人點點頭，抓住竹子開始爬。但竹幹異常光滑，枝條相距甚遠。他只爬了五六節，就滑了下來。毫不畏懼，他吐了口唾沫，重新嘗試，仍舊沒有進展。

其他人急於證明自己的實力，儘管每個人都試了兩三次，也沒有爬得更高。輪到石榴時，他盡了最大的努力，但和其他人一樣，從光滑的竹幹滑下來。有一個人產生疑惑，高聲質問：「那棵竹子好光滑！柚子怎麼可能爬上月球？」石榴的心中也有相同的疑問。他們當中大多數人都懷疑柚子根本沒有上去月球，認為這整件事必定是七嬸的陰謀，想讓他們徹底忘懷柚子，將注意力轉向檸檬和橘子。他們氣沖沖地離開，發誓再也不會和陰險的七嬸說話。

但石榴真的相信柚子去了月球。雖然他和其他人一起離開，第二天早上又回到柚子的廢棄小屋，決心爬上那棵竹子。他帶來一把鋒利的刀和一個裝滿淡水的葫蘆，他開始使盡所有力量往上爬，直到感覺將要下滑時，便拿出刀子在樹上切一個小口，剛好夠他的腳抓住。這真的有效！他切出更多的開口，爬得越來越高，而竹子異常強健，在他下方的切口，以驚人的速度癒合。到了中午，他已經爬上半英里多。他伸手去拿葫蘆，喝了一大口水解渴。他知道必須明智地分配飲水，因為還有很長的距離。他小心翼翼地往上爬，偶爾停下來喘口氣。他再也不敢往下看，深怕這樣的高度會讓他頭暈目眩。就這樣，石榴爬了兩天兩夜。

第三天早上，太陽剛剛升起，石榴聽到頭頂上方有鳥兒在鳴叫。他抬頭一看，月球就在十碼之外。竹葉在頭頂飄揚，他突然感到體內湧出一股力量。僅僅三個呼吸的時間，石榴到達了月球。他抓著一根竹枝，踏上月球表面。

因為他的攀登比柚子艱難得更多，所以石榴沒有留意月球上的風景，只是順著前面的路走。當然，這條路正是通往丹的家的路。當他到達屋子時，一個人也沒有。等了一會兒，仍然沒有人出現，石榴便走向田地，突然間看到柚子在一塊似乎是瓜田的地方幹活。他躲在一些灌木叢後面，雙手摀著嘴，發出像布穀鳥一樣的聲音。

柚子嚇了一跳，停下手邊的活，目不轉睛地看著前方。過去五年來，她從未聽到那個熟悉的聲音。她興奮地尋找鳥的來處。石榴又發出另一個呼喚，柚子果然找到了他。他站起來跟她打招呼。這是她來到這裡之後第一次見到地球人，而站在眼前的正是以前最令自己心動的地球人。她喜出望外，問石榴什麼時候到的。他們在稻田邊坐下來聊天，柚子告訴他，布穀鳥的叫聲讓她好想家。

倆人談了良久，石榴得知柚子已經結婚，心沉了下來，但他設法不露出失望之情。他向柚子詢問月球上的生活，以及月球的風俗、衣服和食物。柚子接著也問石榴，地球上的生活如何。

「過去幾年裡都沒有發生洪水，收成十分豐饒，妳應該回到地球生活，柚子。這裡的生活太奇怪了，妳肯定在這裡真的快樂嗎？」

「我快樂嗎？」柚子問自己。五年來，她一直過著平靜的生活。丹隨和又溫柔，從來沒有對她說過一句生氣的話。他們因辛勤工作而繁榮昌盛，從未發生匱乏或飢餓。她四歲的兒子夏和三歲的女兒春，都是聰明可愛的孩子。她只需回憶起和阿姨在一起的生活，就知道在月球上的生活確實更幸福。她回答道：「石榴，我在這裡找到了平靜，我無法返回地球。假如我回去，肯定會再碰到我的阿姨，我已經受夠了那個家庭。此外，我在這裡有丈夫和孩子，我怎能離開他們回去地球呢？」

石榴知道不可能說服柚子放棄在月球上的生活，便轉而談論地球上的活動，描述年輕男女在收割稻穀時對唱山歌的快樂日子。他描述他們如何在傍晚時分聚集在村子的院子裡，在金色的滿月下打穀，邊打穀邊玩耍。柚子的眼睛亮了起來。

看到她思鄉之情越來越想濃，石榴繼續描述地球上的其他熟悉場景，例如在清涼的泉水中游泳、早上出門摘山棯果、滿月的歌舞之夜、在初春暖和的日子到山林間採集飄散著香味的梅花和桃花。他還促使她記起一些特別的食物，比如年糕、綠豆糯米飯、椰蓉蒸糕、羅望子蜜餞、燉香蕉、紅豆粽子和椰奶、以及鹹魚燉青菜、酸湯、甜綠豆湯等等。一提到這些食物，立刻讓柚子流口水，她已經很久沒有享受它們的美味。

「妳不想回地球生活，我也不會試圖說服你，」石榴說，「不過，妳為何不回去幾天呢？」

這個想法使柚子的眼睛發出亮光。她心想，如果只是回去短暫探訪，應該不會有什麼壞處。丹帶孩子去妹妹的家，要到天黑才回來。柚子回答：「幾天太長了，我的朋友。我的丈夫和孩子回到家若發現我不在，這是絕對不行的。我只能去一個下午，必須在夜幕降臨之前回到這裡。」

柚子回憶，很久以前爬到月球大約耗費三個小時，但沒有意識到在攀爬時，這棵竹子正以驚人的速度向上生長，所以只爬了幾個小時。而石榴則知道，滑下去很快，但爬回來可能需要兩天兩夜以上。但他什麼也沒說。他唯一的想法就是設法讓柚子回到地球。

他們一起走到竹子旁。石榴告訴柚子抓住一根竹枝，把兩腿盤住竹幹，然後滑下去。柚子照他說的做，很快就滑了下去。石榴等她滑下很遠後，才抓住竹子，右手握著刀，每隔幾英尺，就揮刀斬斷一段竹子，竹子在柚子不注意的情況下，散落在下方的地面上。當她終於到達地球時，太陽恰好在頭頂。她放開竹子，看到自己過去棲身的小茅屋，現在已經是一片廢墟。

石榴到達時，柚子還在四處張望。他說：「如果我們回到妳的舊村落，可能會見到妳的阿姨。我們還是去高地村吧！那裡沒有人認識妳。」於是，他們一起朝著高地村的方向走去。

柚子很高興又看到波羅蜜、香蕉、檀香和其他自己非常熟悉的樹木。他們從森林的另一邊走出來，她在紅薯和青色的稻田畔行走，感到非常喜悅。這個奇妙的地球是柚子的故鄉。一隻蚱蜢跳到她的腳邊，她像個孩子般開懷大笑，追了上去，拱起手掌想抓住牠。當他們來到一個果園時，柚子摘下一片番石榴葉，在手中將它捏碎，享受它美妙的香氣。她對檸檬葉也這麼做，感覺又恢復了活力。

過了一座青竹林，便到了高地村的外圍。兩個在井邊打水的少女盯著柚子身上穿的奇怪衣服瞧。柚子感到有些不自在，快步走了過去。過了水井，一位女攤販正在賣紅豆、粽子和椰奶。柚子的眼睛閃閃發光。石榴給她買了兩碗甜食。柚子已經好久沒有吃到這麼好吃的食物，輕而易舉地吃了兩碗。

石榴和柚子看到村裡的孩子在放風箏。柚子問石榴可不可以跟著孩子一會兒，她快樂地看著一個男孩舉起風箏奔跑，另一個男孩握著繩子追趕。當他們加快速度時，拿著風箏的男孩把風箏放到風中，隨著他鬆開越來越長的繩子，風箏也飛得越來越高。

看著風箏翱翔，柚子的思緒轉向月球，已經是傍晚，丹和孩子快回家了。不久柚子對石榴說：「我現在必須回去了，請帶我回到竹子旁。」石榴沒有回答。柚子猜他大概想說服她在地球上多留幾天，便再說：「石榴，我不可能再待下去。丹和孩子會等我回去，有機會我再回來走走。」

石榴仍默不作聲。他的表情很奇怪，似乎混合了遺憾和恐懼。儘管柚子一再懇求，他仍然坐著，一動也不動。柚子氣急敗壞地站起來：「好吧，你不帶我回去竹子那裡，我自己去。」她焦急地朝著廢棄的小屋方向走，石榴跟了上去。柚子放慢腳步讓他跟上，然後加快腳步。當黑暗開始籠罩森林時，他們到達了她的舊茅屋。月亮已經升起，柚子抱住竹子，向石榴道別。

見她爬上竹子，石榴終於開口：「柚子，妳已經不可能重返月球。」還沒來得及問他，柚子注意到散落在林地上的一段段竹子。抬頭一看，她吃驚地發現，這棵竹子的高度只剩不超過二十或三十英尺。「石榴，發生了什麼事？竹子被砍了！」她尖聲驚叫。

柚子看到石榴用雙手摀住自己的臉，沒有回答，這令她更加害怕。她抓住他的肩膀，哭著說：「石榴，你砍下了竹子嗎？回答我！你砍下了它嗎？」

柚子開始劇烈地抽泣，兩眼變得通紅，頭髮亂蓬蓬地垂在臉上。她雙手搥胸，然後捶著石榴的肩膀，在他耳邊放聲大哭：「告訴我！你聾了嗎？你為什麼砍下竹子？」

「因為我太愛妳了。」這是石榴唯一的回答。他再次用手摀住臉，一副極度懊悔的表情。

「愛我？你說你愛我，卻毀了我回到丈夫和孩子身邊的唯一途徑？石榴！你怎麼能這樣對我？」

柚子的啜泣聲讓整片森林都為之顫抖。月光如此耀眼，柚子抬起頭，什麼都看不清楚。她知道，丈夫和孩子必定在等她回去，眼淚如雨水般撲撲落下。柚子哭了七天七夜，不吃不睡。石榴沉默地砍下竹枝，修補舊茅屋的屋頂，保護她免受日曬雨淋。他拿來水果給她吃，並端水給她喝，但她什麼也不吃。她的喉嚨變得越來越乾澀，獨自跑到泉水邊，舀了一把水喝。她洗了把臉，靜靜地坐在泉水邊許久。可是，每當想到丈夫和孩子，眼淚很快就湧上來。她實在無法寬心。

石榴給柚子煮了一些稀飯，但是端上去時，柚子推開他的手。他把碗放在她的睡墊旁邊，可是兩天過去了，柚子仍然沒有碰稀飯。他又煮了新鮮的稀飯端給她吃，她仍然推開他的手。但這次他沒有放下碗，繼續端在她的面前。右手累了，便把碗換到左手。他整個晚上都坐在她的面前，兩手交替端著稀飯。天亮時，柚子再也忍不住，將那碗稀飯拿過來，放在睡墊旁邊。但她仍然一口也沒吃。

石榴一整天都在森林裡砍柴，為小茅屋製作家具。晚上回來的時候，看到柚子的墊子旁有一個空碗，讓他喜出望外。他放在同一個地方的水果也不見了。柚子終於吃東西了。石榴溫柔地把手放在柚子的肩上，但被她推開。

石榴沒有灰心，因為他知道柚子已經流乾所有的眼淚，他只是需要有耐心。他悄悄地修好茅草屋頂，把小茅屋改成一個舒適的家。有一天，他再次鼓起勇氣，把手放在柚子的肩膀上，這次柚子沒有推開他的手。她已經原諒了他，她已經聽天由命。

石榴清理了一片林地，種植水稻和玉米。他和柚子一起開始過新的生活。有時他們去高原市場賣柴，用賺來的錢買糖和鹽，但柚子害怕見到阿姨，再也沒有回到自己的村落。每當她想到在月球上的丈夫和孩子時，就會捂著臉哭起來。在滿月的夜晚，她會獨自坐著凝視月亮，可是無論怎麼看，都沒有看到丹、夏或春。

年底時，石榴建議收拾行李，搬到高地村。他希望在有熱鬧的市場和友善的鄰居的村莊生活，有助於柚子降低對往日家庭的思念。他們搬家了，石榴馬上又開始栽種水稻和水果，柚子也開始學習編織手藝。

次年秋天，在八月的滿月，柚子生下一個可愛的女嬰。他們給她取名為秋。有了小秋需要照顧，柚子振作起精神，宛若心中生出新的根，深深地紮入大地的心臟。這種與家鄉的新聯繫，讓柚子的眼睛和頭髮再次發亮。有一天，柚子給秋唱了這首搖籃曲：

用嫩筍和山泉中的小魚熬湯，
從今以後，媽媽必須化悲為喜，我心愛的孩子。

柚子在花園裡種滿薄荷和芫荽，棚架上的藤蔓結滿甜瓜和南瓜。

◇◇◇

丹右臂抱著春，左臂抱著夏，走進屋裡，高興地喊道：「我們到家了！」但是，房子出奇陰冷，空蕩蕩的。丹嚇了一跳，放下孩子，走到外面去找柚子。她已經失去了蹤影。空曠的麥田裡掠過幽靈般的影子。丹走到瓜田，發現柚子的腳印，還有一些男人的腳印。丹急忙奔向那棵竹子，它已經不復存在。他盯著遙遠的下方找尋，沒有看到任何飄揚的竹葉。他知道這棵竹子已經被砍倒。

丹回到屋裡，把孩子抱在懷裡哭了起來。屋裡一片漆黑，沒有人點上燈或煮飯。他的房子冷得像棺材。春和夏都喊著：「媽媽！」丹去廚房找些剩菜給孩子吃。

幾天過去了，柚子仍然沒有回來。丹竭盡全力照顧孩子，繼續像以前一樣生活，但這很困難。他心想，如果柚子從來沒有來過月球，那會比來了後又拋棄他們更好。他覺得生命的意義彷彿被柚子一起帶走。雖然他經常在鋤地時俯視地球，卻從未看到柚子。

「妳為什麼離開我們，柚子？」他常常這樣想。

那一年，月球遭受可怕的旱災。沒有一點雨水，丹沒有任何收成。孩子們仍然不斷地因為母親不見而哭泣。當丹試圖安慰他們時，自己也哭了起來。有一天，他下地幹活回來，卻找不到兩個孩子。丹四處張望，最後跪在他們經常擠在一起哭喊媽媽的地方，在那裡發現了一大灘水。丹明白，他的孩子因為不斷地哭，已經化為一灘淚水。他用手指碰了碰水，放在舌頭上，嚐到鹹味，這告訴他，這真的是孩子們的眼淚。他無法控制痛苦，開始嚎啕大哭，直到自己也化為淚水，匯入孩子們的淚水中。太陽的熱氣讓那一大灘淚水蒸發，形成一小團雲朵，隨風飄蕩，在地球上空來回遊蕩，彷彿在尋找什麼。雲朵到處移動，直到有一天在柚子的後院上空，停了下來。

那天悶熱潮濕，石榴和秋去了市場。柚子一整天都在等待雲層轉為雨水，帶來一些涼意，但沒有如願。她決定從屋後的水井抽些清涼的水洗澡。柚子在水井周圍種了一道深綠色的芙蓉樹籬，上面點綴著濃豔的紅色花朵。她脫下衣服，用一桶桶清涼的水潑身體，然後被附近的雷聲嚇到。她抬起頭，看見一團雲在頭頂盤旋。當然，柚子並不知道這些雲朵是月球上的丈夫和孩子。儘管如此，她還是忍不住盯著雲朵瞧。

雲朵認出了柚子，瞬間化作傾盆大雨，傾瀉而下。雨滴很暖和，讓柚子的肌膚感到舒適。水接觸到她的肌膚，開始轉變成形狀。剎那間，丹和兩個孩子出現在柚子的眼前。柚子欣喜若狂，向前抱住夏和春，然後轉向丹，她的心中充滿了幸福。她不需要知道他們如何到達地球，他們就在她的身邊！

柚子穿好衣服，領著丹和孩子們進屋。丹先開口問：「妳為什麼離開我們，柚子？妳不愛我們了嗎？」

她眼裡含著淚水回答：「我當然愛你。我想家了，打算只去幾個小時，可是竹子被砍倒了。我不停地哭了很多天。這些年來，我一直思念著你和孩子們。我從來沒有想過要拋棄你們。」

柚子講述所發生的每個細節。等她說完，丹說道：「好了，既然找到了妳，我們就可以一起回月球了。」他不知道怎麼回去，但柚子已經返回，他確信他們能找到辦法。

柚子猶豫了。在月球上，她有丹、春和夏，但她將失去秋和石榴。與石榴過了將近三年的生活，已經使她與他結下感情。如果她回去月球，肯定會想念他，還有她也會非常思念秋。「在地球上我想念月球，思念丹、春和夏。在月球上，我會思念石榴和秋。我該怎麼辦呢？」

就在這時，柚子聽到大門口傳來秋的笑聲。石榴從市場回來了。柚子驚慌失措，倒抽一口冷氣。她不知道該選擇哪個家庭，慌亂中從角落抓起一把刀，插進自己的腦袋中。

那是正中午時分，太陽就在頭頂上方。他們都不知道，柚子在一個最神聖和神奇的時刻，將刀插入自己的腦袋，然後發生了最奇妙的事情。刀子彷彿有自己的意志般，從柚子的頭頸身一切而過，將她切成兩個同樣完整的柚子。她們與原始柚子的唯一區別是尺寸更小。一個柚子手裡還拿著刀，對另一個柚子說：「妹妹，妳帶著丹，想辦法重返月球，我會留在這裡。」

月球柚子抱起兩個孩子，與丹一起走出後門。一切都發生得太快，丹忘記與另一個柚子告別。他們走過水井，沿著田邊小路走。

就在此刻，石榴和秋從前門走入。「有人在家嗎？我們從市場回來了！」石榴大聲呼喚。他看見柚子坐在織布機旁，正在織布，沒有回答他的問候。他覺得奇怪，盯著她瞧，然後將她扶起來。他看著她的眼睛，說道：「真是奇怪，柚子！我認得妳的臉和身體，但妳今天怎麼這麼小？」柚子回答：「因為這只是我的一半，另一半已經和丹一起回去月球。」

◇◇◇

月球柚子帶著丹和兩個孩子越過石榴的田地，來到村落外圍，以免被人看到。她不知道該帶他們去哪裡，突然想起了在森林裡石榴親手重建的的舊茅舍。自從石榴和柚子搬到高原村居住後，那間房子和田地就沒有人照料。她帶著丹和孩子回到森林裡的老房子。

房子的很多地方已經頹圮敗壞，丹和柚子一起修繕房子，重新開墾田地。時間一點一滴地流逝，他們栽種了水稻、玉米和其他蔬菜，並養了一些雞。夏和春倘佯於森林山丘間，母親教他們挑選可以食用的野果。

柚子帶丹去看那條溪流，很久以前她在那裡看到他在月球上對她微笑。他們坐在溪邊一塊大石頭上，看著月亮冉冉升起。柚子問丹，自她返回地球那天起，月球上發生的事。他把一切都告訴了她，小心翼翼地不遺漏任何細節。他詳述他們如何痛哭，以致化為一大灘淚水。他若有所思地說：「也許海洋本身也是因為人們流下的眼淚而變鹹。古往今來，究竟有多少妻子與丈夫離散，有多少孩子與父母失散，多少兄弟姐妹被迫分道揚鑣，不知道是否還能再見面。現在我們又在一起了，我永遠不會讓我們分開。」

柚子和丹沐浴在月光下，淚水從眼中滑落。兩人都凝視著月亮。片刻之後，柚子注意到丹的睫毛上閃爍著淚光。她知道他想念月球，就像她曾經思念地球一樣。她記得第一次回來時的感覺，聞著番石榴和檸檬葉的味道，如何讓她的心湧上對故鄉無盡的愛。她記得聽到男孩放牛時的歌聲，看著孩子們放風箏，採摘羅望子，再次品嘗熟悉的食物，那是多麼的珍貴。現在丹也是一樣。他想念在月球上的生活，那裡的家園、田野、食物、鳥鳴、植物，以及人們相互交談的方式。

柚子對丹湧出比以往任何時候都更深的愛。她把手放在他的肩膀上說：「我知道你很想家，這裡的食物、動物和語言種種一切，對你來說都是陌生的，但你有我和孩子。現在，我們永遠不會分開。」柚子頓了頓，再繼續說道：「你和孩子們沒有我就活不下去，但現在我們在一起了，請耐心等待，在這裡找到幸福。誰知道呢？有一天，我們可能會發現重返月球的方法。」

丹看著她，問道：「如果我們能夠重返月球，你還會渴望地球嗎？妳會像以前一樣離開我們嗎？」柚子拉著丹的手，全心全意地回答：「不，我永遠不會。我曾經住在地球上，也曾住在月球上。我的一半將永遠留在地球，而另一半則可以自由地生活在月球上。你知道嗎？當我回到地球時，我想念在月球上的生活，我想家了，不僅僅是因為你和孩子，還有那裡的樹木和草地、鳥兒和溪流，以及你教我烹煮的食物。」

丹很高興聽到柚子說出她的心聲。他們一起站起來走回家。他們給已經熟睡的孩子蓋上薄草蓆，然後自己也躺下來睡。

◇◇◇

地球柚子與石榴和秋幸福地生活在一起。雖然她是地球柚子，但她和月球柚子並沒有什麼不同，沒有比較年輕，也沒有比較小。她的心中充滿溫暖的愛意，每當想起月球柚子，她都會露出微笑。她很放心，因為她知道自己的另一半正在照顧丹和孩子們。她知道，有月球柚子在身邊，他們會很幸福。她能做的事，月球柚子也能做。她甚至相信，月球柚子已經和丹以及夏和春一起回到了月球，但具體怎麼回去，她猜不到。每當她想起在月球上的老房子時，都會露出笑容，那間房子有許多窗戶和堅固的牆壁，還有奇異的稻田和瓜田。的確，月球一點也不像地球。

由於食慾突然增加，地球柚子在短短三天內就恢復原來的大小。她把自己想像成一株植物，切下來後又長出一株新的植物。新的植物延續了原始植物的生命，長出芽葉花果，即一即異。一株變成兩株，也可以很容易地變成五株或十株。

柚子回憶起美麗的母親，發現自己露出微笑。有一次，碰巧母親在用鎮痛軟膏按摩祖母的頭部，以緩解頭痛。柚子記得當時扯著母親的袖子玩，突然間，廚房裡傳來沸水的嘶嘶聲。柚子的母親驚叫：「天哪，湯煮沸了！」她放下軟膏，將柚子的手從袖子裡拿開，往廚房跑去，在同時間丈夫也喊道：「親愛的，快來，我需要幫忙打開馬廄的門！」柚子的母親站在廚房與前門之間，既要把爐火變小，又需去幫忙丈夫。她轉向柚子，驚呼道：「要是我有四條胳膊，就可以煮湯，給你奶奶按摩額頭，幫忙你的父親打開馬廄的門，以及阻止妳跑去池塘玩！可是，我只有兩條胳膊！」

柚子當時想，一個有四隻手臂的人看起來肯定很怪。但幾天之後，母親帶她去一座寺院，在那裡她看到一位擁有許多手臂的佛菩薩，每隻手臂都拿著不同的東西——一支筆、一朵蓮花和一支笛子，各自執行不同的任務。母親告訴柚子，那是觀世音菩薩，千手行千事，千眼見千事。柚子的母親只想要四隻手臂。柚子暗忖，這大概是媽媽來給觀音上香的原因。

但事實上，柚子的母親並不真的需要四隻手臂。只有兩隻手臂，她已經能夠同時照顧柚子的祖母，幫忙丈夫，照顧柚子，管理家務，並且在菜園裡工作。她和觀音菩薩一樣很能幹，可惜很早就離世，使柚子落入殘忍的阿姨手中。

柚子坐在織布機前織布時，思緒飄回丹前來懇求她重返月球的那一天。她記得當時丹站在面前，她聽到石榴高喊從市場回來的那個決定性時刻。她想起當時心中的可怕恐慌和痛苦。如果不是碰上一個神聖的時刻，她現在已經死了，並將使兩家人都陷入痛苦。

柚子認識的村子裡其他婦女，也曾表達希望變成四、五個人的渴望，一個照顧自己的父母，一個照顧丈夫的父母，一個照顧丈夫和孩子，另一個做飯和照料菜園。柚子希望每個人都能像她一樣能夠裂成幾半，就像一株植物長出嫩芽，成為幾株新的植物。

丹將森林房屋改造成寬敞和舒適的家。他們田裡的水稻和玉米長得又綠又健康。丹開始習慣吃地球上的食物，例如水煮玉米、魚糕、木薯湯和鹹魚。當他告訴柚子，他發現這些菜餚和最喜歡吃的月球食物一樣美味時，她的臉上綻放出笑容。

有丹和兩個孩子在身邊，柚子彷彿擁有了月球，不再懷念或渴望它。但她知道，雖然丹在地球上找到了幸福，但他的幸福並不完整。有別於柚子，他仍然可以區分月球與地球的不同。她告訴他，如果回到月球，她將不再想念地球。她之所以這麼說，是因為對她而言，地球不再是地球，而月球也不再是月球。地球和月球同時住在她的心裡，讓柚子感到很平靜。她希望與丈夫和孩子分享這個平靜感，但她知道，春、夏和他們的父親在月球上出生，仍舊懷念他們的舊生活。

有一天，柚子從井裡取水回來，聽到春在呼喚：「媽媽，媽媽！快來看這株奇怪的植物！」柚子放下扁擔，問道：「女兒，在哪裡？」

春拉了拉她的袖子，把她帶到菜園邊。「太奇怪了，媽媽。我看到一株剛發芽的小竹子，像寶石一樣通紅，像橙花一樣芬芳！」

「孩子，它在哪裡？」

春指著的那個地方，就是那棵老竹子的根部。那棵老竹子的竹幹早已枯死，柚子萬萬沒有想到，它的旁邊又長出了新芽。她告訴春去找丹。當他從田裡挑著掛滿南瓜的扁擔回來時，柚子帶他去看新的竹子。

「看一下，丹，這棵老竹子就是曾經升上月球，讓我爬到月球上，但是後來被砍倒的那棵。它長出了一個新的嫩芽，那將會像原來的竹子一樣，成為一棵巨竹。我們將可以重返月球！」

丹聽懂了。他的眼睛閃著光輝，溫暖了柚子的心。夏和春聽到可以重返月球，高興地拍手。柚子從未見過丈夫和孩子如此開心。

「夏，」她說，「拿水壺給我。丹，汲一桶水給我。我們必須給嫩芽澆水，讓它很快長成一棵竹子。」

從那一刻起，他們每天都悉心照料小竹子，那成了他們的希望之源。

# 故事背景介紹

這是一篇有關流亡生活，以及與家庭、文化和故鄉分離的故事。慈愛的菩薩可以變成許多化身，照顧許多人。如果受到偉大的愛驅使，你也會希望像故事中的主角一樣，同時在這裡和那裡照顧你愛的許多人。本文由 Mobi Warren 翻譯成英文。

# 牡丹花開

晉按響了門鈴，等待外甥韶來門口迎接他。韶是一個臉色蒼白並且嬌弱的八歲小男孩，黑色的大眼睛流露出對舅舅的摯愛。每個星期六，韶都會緊緊地拉著舅舅的手，帶他到花園裡。他們會在涼爽的樹蔭下漫步半個多小時，韶孜孜不倦地詢問所有想像得到的問題。

韶一家人住在一棟優雅的房子裡，四周環繞六英畝的土地。他們很幸運，在法國南部的工業城市蒙彼利埃附近，很難找到這樣一個美麗的地方。韶的父親段在物理研究所工作，並在蒙彼利埃大學任教。

但是那個星期六，卻是韶的母親雪在門口迎接晉。「你的小外甥從昨天開始就臥病在床。」雪告訴他，聲音裡帶著一絲擔憂。

兄妹倆沿著白色的礫石小徑朝著房子走。他們進了韶的房間，看到男孩的雙眼緊閉。雪說：「他一定是睡著了，否則就會睜開眼睛，對他親愛的舅舅微笑。」她用手摸摸兒子的額頭，再拉起棉毯蓋到他的胸部，然後轉頭對晉說：「是的，他終於睡著了，我們去客廳裡坐吧。」

雪向哥哥解釋兒子的病情。韶在一天前開始抱怨頭痛，雪給了他一片糖衣阿斯匹靈，並哄他喝了一杯牛奶。中午的時候，小男孩吃不下任何東西，並開始發燒，於是雪打電話給珀爾蒂醫生。下午三點左右，醫生來了，診斷的結果說只是普通感冒。他給雪又一瓶糖衣藥丸。在六點的時候，韶似乎好了不少，喝了幾勺湯。但到九點的時候，他的額頭突然熱得像火炭。韶的父母給他量了體溫：攝氏四十度。雪驚恐地打電話給珀爾蒂醫生，醫生趕來後，再次向雪保證情況不是特別嚴重。「讓他睡個覺，」他說，「明天就會好起來。」醫生答應翌日再回來看兒子。那天晚上，韶無法入睡，母親也輾轉難眠。雪想給醫生打電話，但又不想再打擾他，便決定等一等。「他明天就會回來。」她這樣安慰自己。但直到晉來訪前不久，小男孩才終於入睡。

晉專心聆聽妹妹的訴說，然後告訴她：「我相信韶會沒事的，也許是得了感冒或什麼的，別太擔心。」他接著問她，是否有來自越南老家的朋友和家人的消息。

半小時後，當男孩的父親段從書房裡出來時，倆人還在談話。他繞過妻子走向晉，挽著小舅子的胳膊說：「希望你留下來吃午飯。我今天下午在大學開會，你妹妹很擔心孩子，若有你陪著她，我會更安心。」晉同意留下，段迅速準備離開。

雪說：「很高興你能留下來，讓我看看我們午餐要吃什麼。」

「慢慢來，不著急，」她的哥哥回答，「我去花園走走。」

段的花園很大，而且獲得悉心照料，時值五月初，葉子嫩綠宜人。尤其是洋菩提，正長出新芽。晉心想，幾個星期後，我就可以來這裡摘花泡茶了。晉喜歡喝菩提茶，那會讓他精神煥發，幫助他在長時間作畫之後放鬆身心。他暗想，這真有趣，華人稱之為洋菩提樹，菩提花又叫覺醒花。然後，他走到大栗樹下的木凳前。開滿花朵的筆直樹枝，讓晉想起了佛教寺院中的燭台。

晉知道，如果韶在場的話，肯定會問很多問題，其中很多問題晉都無法回答。有一次，韶指著栗樹上的一塊斑點問是什麼顏色。那是一片介於綠色和紫色之間的苔蘚，當然也不是任何藍色。晉不知道該怎麼稱呼這個顏色，便回答道：「就是那個顏色！」小男孩立刻了解，並且十分滿意這個回答。

晉覺得跟外甥很親近，他經常在自己的畫作中使用那個顏色。事實上，晉對它如此熟悉，從來沒有覺得有為它命名的必要。同樣地，在越南問候人時名字也不重要。如果你遇到某人，向對方微笑或握住他們的手就夠了。記住這個人比記住他的名字或職位更重要。

晉愉快地又想起另一件事，讓他覺得自己與外甥真是心靈契合。有一次，雪給了韶一個桃子，韶沒有吃，而是仔細端詳，再把它貼在臉頰上。雪告訴他：晉舅舅給我們帶來了很多桃子，你先吃這一顆，以後再吃另一顆。韶卻搖頭道，他不想要另一顆桃。

後來晉提到那段交談時，韶告訴他：「當我看著那顆桃子時，了解到這是一個奇妙的創造。桃子的母親桃樹想必花了許多個月才創造出它！它也必定有很多的兄弟姐妹！所以我把它貼在臉頰上，享受著它的友誼。」韶將桃子視為值得他全心關注的對象，不僅只是食物。當他最後咬著這個水果吞下肚子，晉揶揄他：「你的朋友走啦！」當他看到舅舅開懷大笑，也不禁笑了出來。

舅甥之間表現出的溫馨情感，在父子之間卻極少見。段沉浸在教學和研究中，很少有時間與韶一起在花園裡散步。他當然是一個善良體貼的人，但物理學是他的熱情所在，他總是沉浸其中。段專注於研究數學行列式，與兒子的快活神情相去甚遠。他可以用數學來描述控制光的反射和傳播的物理定律，卻看不到小男孩單純的嚮往。

現在韶生病了，晉獨自坐在栗樹下，想到段的基本粒子世界與晉的情感世界之間的差距。晉理解段對物理和數學的熱愛。作為一名藝術家，他知道科學和藝術都可以令人深深著迷，以至於忽略了日常生活的細節。雖然他無法用技術語言與妹婿交談，但晉明白基本粒子的世界對段來說，可能比感官世界對他自己和外甥更加真實。

有次在倆人一起喝咖啡時，晉數落段：「你知道嗎？你的次原子世界可能只是一個幽靈世界。」

段笑了出聲：「沒錯，有時候我也是這麼想的，但那些幽靈是真實存在的，這就是我花這麼多時間尋找它們的原因。你要知道，原子和電子在空間和時間上並不佔據特定的位置，當我們靠近時，它們就會脫逃。我們視作固體或恆常的東西，在次原子世界根本不存在。」

晉聽罷表示：「那麼，在那個世界中證明萬物相互關聯和無常，必定比在日常生活中更容易。」

段點頭同意：「是的，當然，你可以自己推敲一下。在我們的感官世界中，一杯咖啡就是一杯咖啡，它不能既是一杯咖啡又是一杯酒。晉就是晉，你不能同時是晉和段。但在基本粒子的世界中，電子可以表現為粒子或波，它同時是兩種東西嗎？這讓科學家很頭疼！」

「明白了，所以你們科學家就這樣放棄了嗎？」

「不，我們把它們看作二象性，稱它們為 wavicles（波粒），既是波又是粒子。我們知道不能用普通生活的形象來描述次原子世界的本質。畢竟，當電子只是流動屬性，我們怎麼能稱其為固體或恆常呢？我們如何能夠只在單一方向追蹤它？我們無法區別不同的電子，因為無法掌握它的識別。我們可以看出晉與段之間的區別，我們每個人都有一張獨一無二的身份證，但我們無法區分兩個電子。」

晉知道極微小的物體不僅沒有常存的自我，而且它們甚至不按照因果律或統計法則行事。他想起那些採用各種測量工具的科學家而感到同情。面對極微小的物體時，科學家不僅需要丟掉所有日常世界所採用的測量工具，甚至還必須捨棄實用的概念和思維模式，即是其「日常之心」。那麼他要以哪個「心」來接觸極微小的物體？數學是否是一種「心」？

晉總是喜歡與段交談，因為他發現妹婿胸襟開闊並且智慧過人。他們經常熬夜到凌晨三點，討論科學、藝術、甚至佛教哲學。

雪來到了花園，發現哥哥坐在栗樹下。「韶已經醒了，想見你，他看起來好多了。在我準備午飯時，你能坐在床邊陪他嗎？請留下來吃晚飯吧！」

他立刻回答：「好的。」他們一起走回屋內。

看到舅舅出現，韶伸出雙臂擁抱他。「因為你病了，我不得不一個人去花園。」晉一邊說，一邊把小男孩舉高過頭頂。

一想到花園，韶的眼睛就亮了起來。「下個禮拜，我會和你一起散步。嫩綠色牡丹花蕾，已經開成美麗的花朵。你有看到嗎？」

「我沒有看到，因為我只走到栗樹那兒。我會等到下個禮拜，我們一起去看它們。你知道越南話的牡丹怎麼說嗎？」

韶的法語比越語好得太多。有時候，晉會以孩子們喜歡的那種親切感，用法語和他說話，但他也堅持，不要忘記越南話很重要。晉很有耐心，雪每次看到哥哥與兒子一起用母語交談，總是很高興。晉覺得，韶在說法語時，與在說越南語時不是同一個孩子。那就好像他有兩個靈魂，各自對應一種語言。晉記起與段關於波粒二象性的談話，露出會心的微笑。

在寥寥數語之後，晉就離開韶的臥室，去了廚房。雪向哥哥詢問最近的藝術創作。「我已經好幾個月沒畫畫了，我正在發生一些巨大的變化，一直在密切觀察自己，不想插手干涉。」

雪經常擔心哥哥的維生能力。她知道他是一位正直的藝術家，不願花時間開發取悅富有贊助人的風格。晉認為，藝術家只需要幾條線、幾種形狀和顏色就可以創作出一幅畫，就像作家只需要幾句話，就可以創作出一首好詩般。一旦晉清楚地知道想在畫中表達什麼，作品就會輕而易舉地出現。

但有時，他甚至都不碰畫筆，因為知道內心的種子還沒有成熟。晉認為，真正的藝術作品總是始於察覺到內心最深處的動蕩。他需要以巨大的關注和接納，持續不斷地觀察。只有在這樣的感情完成了循環並且轉化之後，才能在繪畫中表現出來。這時候，畫家只需要拿起畫筆，形象和風格就會自動顯現。相對於停止、觀察和進入生活本身的重要技能，混合色彩和握持畫筆只是次要。對晉來說，藝術創作在於滋養心靈和觀照心中的細微變化，而非開創獨特的技巧或風格。

晉從不認為不作畫是浪費時間。如果沒有畫作可以出售，他很滿足做一名房屋油漆工。他多次告訴雪：別擔心，在我破產之前，我會向妳要一點米飯吃。

雪總是告訴他：「老天爺，若你能夠每天和我們一起吃飯該有多好！韶會特別地開心。真的，你為什麼不搬來和我們一起住呢？我們有足夠的空間，可以把地下室變成工作室。既然住在這裡可以很舒服，為什麼你寧願付房租呢？」

晉看著妹妹露出笑容。「我在自己的家真的很愜意。我已經習慣住那裡，房租也很合理，我喜歡往返於我們居住的兩地之間。」

「你太固執了，我親愛的哥哥！但我不會堅持，你大概太喜歡擁有自己的隱私。現在讓我端上午餐吧。」

凌晨兩點，晉突然醒過來。他做了一個奇怪的夢，額頭上全是汗珠。他伸手拿了一條毛巾擦去汗水，然後仰臥並伸展四肢，開始緩慢地深呼吸，以幫助身心恢復平靜。

在夢裡，晉牽著韶的小手，一起漫步在長滿了美麗的樹木和野花的森林裡。他們折斷小樹枝並收集樹葉來建造一座小「宮殿」，天色突然暗了下來，使得倆人甚至看不到對方的臉。

晉呼喚韶的名字，沒有獲得回應。他伸出手，在黑暗中摸索，甚至樹木和灌木叢似乎都消失了。他伸手去摸地面，但地面變成了液體，使他失去平衡而摔倒。他在似乎是水的裡面掙扎，摸到某個東西，便抓住了它。那是韶的手臂。倆人好不容易浮上水面，踩了很久的水。最後，他們到達一棵樹木，爬上了樹。那時天亮了，他們看到森林全部消失。

晉拉著韶的手，奔跑越過一大片空曠的土地，到處都是尖銳的岩石、玻璃碎片，以及一團團燒得焦黑的樹木。頭頂上的暴風雨正在逼近，晉聽到一群人憤怒尖叫地追趕他們。他忙著尋找一個安全的避難所，但四周只有空虛和毀滅。晉和韶意識到再怎樣跑也沒用，便立在原地不動，準備迎接追兵。尖叫聲乍然停止，集結的暴風雨凝固在寂靜中。

就在這時，晉醒了過來。他知道必須繼續專注於輕柔和深沉的呼吸，以喚起一個可以幫助他理解這個夢的想法。他不想用理性去解釋，因為覺得直覺可以讓他有更深刻的理解。很長一段時間過去了，仍然沒有任何了悟，但呼吸練習確實讓晉感到精神煥發。他站起來，慢慢走到浴室，打開蓮蓬頭。細細噴灑的溫暖水流使他平靜下來。幾分鐘後，他關掉水龍頭，仔細擦乾身體，換上舒適的衣服。

在書房裡，晉點燃一炷香，盤腿坐在地板的折疊毯子上。靜坐是他工作的重要組成。一如既往，他將注意力集中在呼吸上。大約二十分鐘後，他放下有意識的深呼吸，讓思緒隨心所欲地飄移，繼續觀照著它，就像一個放牛男孩看著牛群在草地上自由漫步。

晉開始在他長大的河邊村莊裡，看到自己的影像。那是龍川省後江河流過的一個小村莊。河流兩岸有肥沃的廣袤稻田，長著茂盛的稻子。小時候，晉和朋友經常赤腳在田埂上奔跑，挖蚯蚓、抓魚、放蝦籠和捉黑蟋蟀。那些朋友後來怎麼了？有些人死在戰場上，有些人被送入再教育營，還有一些人，他聽說只是消失無蹤。他知道，小學裡最要好的朋友桂在波萊梅之役中陣亡。晉想著，他的身體現在必定已經化為塵土，許多年輕一代的男孩都被子彈和炸彈炸死。他的外甥韶比較幸運，雖然父母都是越南人，但他出生在法國。他與其他同齡的越南孩子有共業，但他有其幸運的別業，那是大部分越南孩子沒法享受到的。

自從來到法國，每當晉看到孩子們在校園裡或人行道上玩耍時，總是會想起越南的小孩。晉曾將許多被子彈或炸彈碎片撕裂的小屍體抱在懷裡，多次必須親手掩埋他們。作為佛教青年會救護隊的一員，晉冒著許多危險，幫助受傷和無助的平民。

晉永遠不會忘記，曾經抱著一個四歲小女孩軟弱無力的身體，她的頭歪向一邊，頭髮上沾滿了鮮血。他甚至沒有時間為她流一滴淚，因為還有數百人急需救援，正在向他和他的夥伴們呼救。他只有兩三秒鐘的時間凝望小女孩，那是他永遠無法忘懷的幾秒鐘。晉感到內心被撕裂，當他看到越多的痛苦和苦難，他的根就越深地紮進故鄉的土壤。

在他利用家庭團圓計畫登上飛往巴黎的飛機後，已經過了四年。他怎麼可能離開越南？目的不是為了自己的未來，不是為了藝術創作，當然也不是為了過舒適的生活。是為了自由嗎？對於一個生命與故鄉土地有著如此深厚聯繫的人來說，個人自由是否可能實現？晉懷疑地搖了搖頭，不願再多想。

朋友桂的屍骨現在想必都分解了。他的哥哥竹在一九七二年陣亡時是南越軍隊的通訊官，至今遺體仍未找到。竹的屍骨也必定化為老撾邊境山區某處的泥土了。而那個死在他懷裡的小女孩，她的細小骨頭是不是回歸故鄉的土地中？晉仍然記得，她的小墳墓在平定省公會墓地的確切位置。她的肉已經化為泥土了嗎？他在沒有棺材也沒有儀式的情況下埋葬了她。他不知道她的名字，也不知道她的家人。他所能做的，就是把土推回墳坑裡，一遍又一遍地念阿彌陀佛的名號。

晉的父母在龍川的家被炸彈摧毀時喪命，當時他只有十九歲。幾年後，他回到自己的村子，坐在原先矗立祖屋的磚瓦灰泥和木頭堆中。在他沉默地坐在那裡時，看到了石縫中長出一朵有五片紫色花瓣的小野花，嬌嫩的美麗深深打動了他。他領悟到，這朵花根本不在乎毀滅。在混亂、仇恨和死亡中湧現的生命，展示出它的全部力量和奇妙。

嬌嫩的花朵向晉呼喚，告訴他雖然生存的現實就是受苦，但不光只是受苦。沒有什麼永恆存在，一切都相互依存。生命是不斷創造和毀滅的動態。晉了悟到苦樂絕非互相對立，而是如同生與滅般相輔相成。

這朵野花幫助晉理解在藝術學院學習時一位資深雕塑家旋的教導。旋在手握鑿子和木槌或捏塑黏土時，看起來就像一位古代祭司在舉行儀式。

他溫婉而有力，優雅卻不失莊嚴。他的創作不多，但所創造的藝術品，都充滿了生命力。

有一次，他帶晉去印光寺，給他看他雕刻的文殊菩薩像。在那之後，晉時常回印光寺看老師的作品。看著這尊雕像，晉認為，若未曾經歷極度悽慘的痛苦和愛，藝術家無法刻出如此美的雕像。

在雕像的面孔，晉看不見任何象徵性的線條。刻劃眉毛、眼窩、額頭紋路的線條都通通彼此呼應，以描繪出一個對人生深刻的眼眸，一個透視萬物之心的眼眸，一個貫穿人生一切沉淪和昇華的眼眸。在那樣的眼眸前，無一物能遮蔽其真相。一切物體皆必須自我打開心扉、自我呈現出來，猶如當陽光照亮時，花打開花瓣以顯露出花蕊。那並不是探究或批判的眼眸，而是被慈悲能量滋潤而充滿沉靜和理解的眼眸。菩薩像面上的微笑證實了這一點。未曾經歷極度痛苦的人無法展現出如此溫柔的微笑，亦無法以如此包容的眼眸視眾生。

晉經常去找旋，並開始學習禪坐。旋告訴他，禪坐是一種幫助藝術靈感成熟轉化為藝術作品的方法。旋還幫助晉了解故鄉越南與自己作為藝術家之間的關係：每個國家和人民都會經歷輝煌的時期，也會經歷苦難的時期。一位藝術家透過表達自己的期盼和痛苦，就可以成為一個民族的代言人，因為藝術家的情感與故鄉人民的情感深刻地共鳴。然而，直到看到野花在戰火遺留的廢墟中綻放，晉才完全了解旋的話。

晉常常看著外甥韶，心想這是一個在沒有戰火的國家出生和長大的孩子，一個被父母和周圍其他成年人愛護和照顧的孩子，並且獲得許許多多的物質享受。然後，他想到那些身體被炸彈和子彈撕裂的孩子們，還有那些在寒冷和飢餓中四處遊蕩，迷失在仇恨的世界中的孩子們。

晉回憶這個晚上驚醒他的噩夢。他握著韶的手，倆人一直在奔跑，暴風雨即將來臨。晉意識到他的奔跑，表達了想要逃離死亡、絕望和無常的渴望。他憶起夢的結局，由於知道躲不掉，他停止了奔跑，追趕他們的人群的尖叫聲也倏然停止。真正的敵人會不會是自己心內的恐懼和痛苦？渴望擁有不受這個世界的艱難處境影響的存在？「生命把我們帶到這個世界，並埋葬了我們。」晉想。「沒有死就沒有生，沒有生就沒有死。全心全意地接受生命，就是接受生命實相的兩面。」晉看到了死在他懷裡的小女孩，正對著他微笑。多麼神奇的笑容！他看到那是和韶一樣的笑容。是的，是韶在微笑！經歷了最駭人的痛苦的小女孩和擁有一切舒適生活條件的韶，其實是同一個孩子。

雖然戰爭在五年前就結束了，甥舅倆都安全地生活在和平與民主的土地上，但越南的情況仍然存在於晉身體的每個細胞中。那個夢不是幻覺。它和他周圍的任何東西都同樣真實。他爬上階梯，登上飛往法國的飛機，但從未離開過自己的故鄉。他本身與故鄉是同一體。

晉和緩地從靜坐中抽離出來。他站起來，慢慢地走著，細察每一步，彷彿要把自己的腳印清楚地印在地板上，印在大地上。那天早上，晉開始畫小韶兒站在一束盛開的牡丹花旁邊。他工作了一整天，一直持續到深夜，才停下來吃一塊麵包和一個橙子，以及喝一杯水。然後，他睡了四個小時。

翌日一早，在靜坐半個小時後，晉打開工作室的燈，再繼續作畫。中午前，門鈴響了好幾次，他都沒有去應門。他在畫韶的時候，不想見任何人，或與任何人交談。

他一直工作到星期四中午。他想，這幅畫已經完成了，也許還需要在這裡稍作修飾，在那裡稍作改變，但僅僅就是如此而已。晉插上牆上的聚光燈，將燈光聚焦在畫上，然後坐下來端詳作品。韶的笑容宛若捧在手中的牡丹花，清澈明媚。這和晉在靜坐時看到的小女孩的笑容，一模一樣。他畫外甥穿著傳統的越南灰色褲子和襯衫，多年前死在他懷裡的小女孩也穿著同樣的衣服。「她回來了，」晉心想，「現在住在韶和所有活著的孩子體內，走在家鄉的土地上。」

哦，孩子們，當你們走向未來時，請帶著成千上萬戰死的小孩同去。我們這些被野心和仇恨蒙蔽雙眼的大人，應該靠邊站，讓你們過去。小韶兒永不死，歷史活生生地在他的體內，所有的孩子無論死活，都能透過他向前邁進，實現未來。

晉關掉燈，闔上工作室的門，走上通往一樓的樓梯。他感到很平靜，想吃個午飯，小睡一會兒，然後再進行最後的修飾。但是，當他經過郵箱時，看到一則緊急訊息，那是妹妹轉來的電報：「我需要見你，請馬上過來。」晉立即換上便裝，前往公車站。

到了週三，韶的體溫已經燒到攝氏四十度，並且開始嘔吐。他頭疼得很厲害，忍不住哭起來，雙手拚命按著太陽穴。韶的哭聲撕裂了父母的心。雪著急地試圖安慰韶，段也馬上打電話給珀爾蒂醫生。醫生要他們立即將小孩帶到兒童醫院，他會在那裡等他們。當他們到達醫院時，韶幾乎已經失去意識。

他接受了各種檢查，醫生發現他的腦部長了一個腫瘤，而且還罹患腦膜炎。他的生命危在旦夕，他們決定動手術切除腫瘤。

幸運的是，兒童醫院最優秀的住院外科醫生也在場。手術的準備工作花了將近三個小時，韶被推進去，臉朝下趴在一張有特殊裝備的台子上。

雪和段在手術室外的一間小房間裡等著。時間彷彿靜止。雪低聲念誦，祈求觀世音菩薩的慈悲。但段無法祈禱，心頭有如著火，想到珀爾蒂醫生的誤診，越想越生氣。醫生三度低估韶的病情的嚴重性！

手術在夜幕降臨時完成，但韶仍然昏迷不醒。段被告知手術進行得很順利，但孩子的情況仍然很危急。醫生使用各種血清、抗生素和可的松給予治療，預計韶會在大約六小時內恢復意識。

醫院只允許一個人留下來陪韶，段認為應該讓雪留下來。他告訴她，如果有任何變化，請立刻打電話，否則她應該休息一下。當丈夫要離開時，雪要求他盡力祈禱，並給哥哥晉發一封電報。

段一點都吃不下晚飯，只喝了一杯牛奶，坐在那裡等妻子的電話。他坐不住，彷彿椅子底下有一團火在燃燒，便起身從客廳走到廚房，然後又到客廳、書房和韶的房間，到處走走，從韶的房間走到自己和雪的臥室。無論走到哪裡，他都覺得心焦如焚。他回到了客廳，在熟悉的扶手椅上坐了幾分鐘，就又站起來繼續往前走，原本舒適的熟悉椅子已經被火包圍。

到了晚上十一點，雪仍然沒有打電話來，這意味著兒子依舊昏迷不醒。段開始恐慌起來，雖然力圖冷靜下來，卻又無能為力。他知道，此時此刻妻子正在為兒子祈禱，他希望自己也有這樣純粹單純的信仰。但他無法讓自己相信，念佛號會以任何方式提高兒子的生存機率。雪經常鼓勵他和她一起祈禱，但他從來做不到。現在他知道，直到兒子脫離生命危險，自己根本無法休息。

牆上的時鐘報出時間，現在已是午夜時分。段穿上睡衣上床，希望能夠睡著，但他甚至無法閉上眼睛。然後，直到那時，他才慢慢清晰地開始看見自己內心的不安。韶的影像不斷出現在他面前。想到兒子可能死亡的念頭，令他不寒而慄。他輾轉反側，想找一個比較舒服的姿勢，但都無濟於事。他的床也好像著火了。他覺得自己、雪、韶和整個房子都漂浮在大海上，隨時都可能被海浪打翻。這是他首次意識到，韶的生活與自己的生活是如何緊密交織。他明白，如果韶死了，他將不再是自己。他也會死。韶不僅僅是他兒子，也是他自己。

多年來，段一直認為給兒子提供安全和舒適的生活，就是自己需要做的一切。他像一個園丁，在種下一棵健康的樹木，並給予肥沃土壤和擋風之物後，就可由它自行生長。突然間他意識到，韶不光只是一棵樹，也是園丁和園丁的心。如果樹木死了，園丁也會死。

段全家人生活在安定的土地上，而不是在海上漂浮的船上。法國是一個和平的國家，蒙彼利埃是一座擁有全世界所有機會的城市，可以讓兒子的學習和能力獲取成果。韶被父母、學校和社會的愛和關懷所包圍。

段知道從海上逃難的難民必須面對的危險，例如飢渴、風暴和海盜。就在上個月，他讀到所有乘船離開越南的人中只有不到一半活下來。他想到了無家可歸者、窮人，以及受戰爭迫害的人，也想到了自己。他住在自己的房屋裡，那是一座迷人的房子，四周花木扶疏，一座充滿愛與寧靜的房子。然而，有一瞬間，他似乎清楚地看到自己也在海面上，忽上忽下地擺動。原有的一切安寧和安全都煙消雲散，他的命運也和船民一樣充滿了不確定性。

段的這個察覺很了不起！韶不僅是他兒子，而且是段本人。如果韶死了，段也會死。就算段沒有真的死去，也將只是自己的一個影子。多麼令人震驚的洞察力！既然領悟到這一點，他怎麼可能睡著。他就像一個被箭射中的人，震驚、痛苦和種種的現實都如此強烈，使他甚至無法閉上眼睛。段放棄了睡覺的念頭，走進廚房，泡了一杯又濃又黑的咖啡。

他知道，自己正面對一個從未面對過的現實。他正在為生存而掙扎，就像難民在脆弱的船上一樣絕望。如果找不到克服痛苦和憂慮的方法，他也可能淹死。雪沒有打電話，他想，就算她打電話來，可能也只是要告訴他，韶仍然昏迷不醒。整個晚上，段一直希望接到電話，但現在卻擔心電話會響起來。然而，他必須站穩，因為即將到來的暴風雨可能會將他們全部捲入海底。夜晚才過去一半，段想自己的頭髮都白了。他知道自己必須奮戰，可是要用什麼武器呢？雪可以祈禱，因為她對佛陀有信心。她的哥哥晉知道如何安詳地靜坐。段既沒有雪的信仰，也沒有晉的修行。他擁有的科學知識呢？在這樣一個充滿如此巨大恐懼和不確定性，以至於覺得自己即將炸成千萬碎片的時刻，那怎麼可能對他有用呢？

現在是凌晨兩點三十分。段不安地從一個房間走到另一個房間，在床上翻了個身，然後重覆坐立數百次。他嘗試閱讀報紙和書籍，但每次只能讀一兩行就停止。他捫心自問，世界上他最希望身邊有誰來分擔他的焦慮和恐懼？他想到了自己的朋友，但最後認定他們當中沒有人能夠幫助他。沒有人能走進他孤獨的世界，與他同在。他知道獨自坐下來面對痛苦，比與一個無法了解他的痛苦的人在一起，更加容易。然後他想到了晉，他意識到如果晉現在和他坐在一起，即使只是默默地坐在旁邊，他也會感到不那麼孤獨。他知道，晉像他和雪一樣深愛著韶。

要是晉有電話就好了，他會馬上給他打電話。然而，他知道晉是一個自由的靈魂，今晚也可能不在家。然後，他想起還沒有像雪要求那樣給晉發電報。他伸手拿起電話，撥了電話，並代雪口述了訊息，發電報要求她的哥哥立即過來。他放下電話，打開客廳所有的燈，再度坐在躺椅上。電報要到八點才會送抵，所以晉最早也要到十點左右才會到達。段知道晉非常疼愛韶，兒子生病的消息肯定會令他感到震驚。但段不認為大舅子會出現自己感受到的那種恐慌。

牆上的時鐘敲了三下。現在是凌晨三點。段知道兒子仍處於昏迷狀態，命懸一線。像韶這麼瘦小的身體，怎麼可能同時承受腦瘤和腦膜炎的折磨呢？如果珀爾蒂醫生在這裡，段也許會控制不住內心的憤怒。

段知道，韶的病情超越了醫學的極限。就在去年一月，朋友平在巴黎的拉布阿謝爾綜合醫院去世，即使他的腦部手術很成功。段心想，相信科學是好的，但在生活中也須相信奇蹟。他知道妻子現在正在祈求這樣的奇蹟，念頌觀世音菩薩和藥師佛菩薩的名號。段非常希望自己也能皈依這樣的宗教信仰。但他對佛教的興趣比雪的強大信仰或晉的修行隨意得多。

這會兒段緊張得覺得大腦快爆炸了。他盯著電話，想給醫院打電話，明知這一點都沒有用。如果韶恢復意識，雪馬上就會給他打電話。現在是凌晨四點，段躺在床上，胳膊和腿像屍體一樣筆直。他下了床，倒一杯冷水吞下兩片阿斯匹靈，然後再回去躺下，希望這些藥片能讓他平靜下來。半小時後，他感到頭發熱，用手揉了一會兒，然後放棄了。他走到藥櫃前，取出兩粒強效安眠藥「速可眠」，吞了下去，然後關掉所有的燈，包括臥室裡的那盞小夜燈，重新上床睡覺。

直到凌晨五點十五分，他終於昏沉地睡了過去。他做了一個又一個可怕的噩夢，在最後一個夢中，他、雪和韶坐在一條小船上，在波濤洶湧的大海中顛簸，如山一般高的巨浪將他們吞沒。段尖叫著醒了過來，摸了摸自己的額頭，已經被汗水浸濕。他的手表指著八點二十分，雖然睡了三個小時，卻覺得比之前更加疲憊，緊張的心情還未消散。他越是試圖壓抑內心的恐懼和擔憂，身體感到的痛苦就越深。

電話響起來，段胸口狂跳，跑到客廳。是雪打來的電話。「沒有，韶還沒有恢復意識。」雪的聲音帶著哽咽。段告訴她，已經給晉發了電報，他應該在十點前就會抵達。雪說他應該等晉，然後倆人一起來醫院。她答應他，一有消息就打電話給他。

放下了電話，段意識到兒子的情況比他擔心的還危險。在與妻子交談後，他的痛苦更加強烈。他們什麼時候可以看到韶的病情出現改善的跡象？今晚、明天或後天？自己能否在這個煎熬中再多活一天？

段坐在扶手椅中，一動不動。此刻，兒子正在為生存而奮戰。段一遍又一遍地喃喃自語，「堅持下去，兒子，堅持下去。」韶必須戰鬥。而段自己也在戰鬥。他缺乏妻子的信仰，也沒有像大舅子般修行，所以無法借助他們的方法。他有什麼屬於自己的對策呢？他想到了自身的職業，對物理和數學的熱愛。他畢生投入多年的研究，現在有什麼可以幫助他的嗎？

他捫心自問，突然產生一股強烈的衝動，想去書房坐在書桌前。他先去洗把臉，換上一件乾淨的襯衫，進了書房，頓時覺得輕鬆許多。一種愉悅的感覺籠罩著他，他再次進入一個自己身心都熟悉的世界。他將之比喻為縮回殼裡的蝸牛，或者蜷伏在一張辛苦織成的網中央的蜘蛛。他問自己：「我這是逃到象牙塔裡避難嗎？這座塔是否堅固到足以保護我，免於遭受這些痛苦？」

「昨晚是一個永恆。」他心想。「時間，時間，我的時間，韶的時間，電子和介子的時間。物理時間是否獨立於人類思維的時間之外？」段不止一次與晉推敲和討論時間這個話題。他們討論愛因斯坦的相對論所定義的時間，晉觀察到時間、空間以及我們所說的物理現象，實際上與人類的意識有著密切關係。晉曾說過，只有透過心意，物理現象才能獲得人們通常了解的形相和性質。

段幾乎完全同意晉的觀點。次原子物理學的最新發現，差不多顛覆了唯物主義物理學的整個論述，以至於自希臘哲學家德謨克利特以來所假定的存在基礎，已經失去了可信度。科學家們無法找到任何獨立存在的東西，每次進行次原子實驗時，只能記錄它的反應，有時是以波呈現，有時是粒子。他們找不到獨立存在的東西，發現那僅是自己構思的概念。

段知道，物質、空間和時間都不能獨立於其他兩者而被觀察到。他知道，過去與未來之間通常有一條假設的界線，稱為現在。但在對相對論進行的研究中，他發現現在的時間範圍，隨著觀察者與觀察到的現象之間的空間距離而變化。現在可能是短暫的時間，也可能是幾年、甚或幾千萬年。人們從地球上看到一顆星星墜落，可能不知道從宇宙的其他地方觀看，這顆星星還未墜落，或者可能在數百萬年前就已經墜落了。現在不是統一的時間，也可能等同於過去或未來。

段從量子力學中了解到，當人們試圖確定電子的位置時，速度和能量就會出現無限的不確定性。我們不能利用數學公式，令人滿意地描述次原子物質的作用和反應。在次原子物理學領域，空間和時間本質變得不精確，以至於人們總是無法分辨何者是過去，何者是未來。一些次原子實體甚至似乎與時間逆向，並且違反因果順序。

段有一種感覺，自己正在從一個夢想移到另一個夢想。兒子韶加入他的世界已有將近八年之久，但他直到現在瀕臨死亡才變得如此真實。當下段可以更清楚地看到韶，也因而更清楚地看見自己。他對安全和永恆的幻想已經煙消雲散，人的生命似乎像一縷煙霧般脆弱和稍縱即逝。過去彷彿一場夢。至於現在呢？它充滿了不安和恐懼，不也是一場夢嗎？

段開始意識到內心升起一個新的渴望。他想從虛幻的夢境中甦醒，進入真實世界。他意識到，時間和空間是一張囚禁他的網。韶的病況危急是引發他極度焦慮的來源，卻也成為獲得解脫的出口。因為兒子遭受疾病的折磨，段開始意識到，他的科學研究世界與日常關注的事物同樣真確。

某些事可能只會令大多數人覺得好笑，對段來說，卻是需要深入思考的最原初真理。他會觀察明亮的紅日從山頭落下，陽光使他的臉感到暖和，他意識到太陽實際上已經落下八分鐘，人們看到的太陽永遠不是當下的太陽。他會凝視詩人口中從天上摘下來繫在愛人髮上的星星，意識到它可能在數百萬年前就已經爆炸。他兒子韶出生於一九七二年。「從宇宙的不同地點來看，光是這個事實就有不同的含意。」段心想。「從一些地方看，韶尚未出生，而在宇宙的其他地方，可能在一千年後，仍會看到韶生氣勃勃，有說有笑。」藉由思惟諸如此類實相，段意識到大多數人的生活都建立在幻覺的基礎上，這些幻覺給他們帶來了無盡的痛苦和恐懼。

現在，他終於明白電子是波和粒子的展示的實義。他每天看到、聽到和觸摸到的東西，都只是紛繁的幻影。從科學角度來看，關於事物堅固性的最常見假設已被證明是錯誤。段突然明白，他對韶可能死亡的擔憂其實是基於錯覺。這個覺悟如閃電般在他心中劃過。

段完全知道兒子的病情危急，但他不再驚慌失措。整個晚上，他的心情都翻騰不已，甚至服了安眠藥也無法入睡。但他的科學理解力在需要的時刻出現，使他能夠深入了解存在的本質。科學探究成為他的蝸牛殼和蜘蛛網。

段坐在書桌前，宛如道士般沉默並靜止不動。如果有人問他，「此刻你內心的願望是什麼？」他會回答，「達到徹底的覺悟。」他不想回到擁有一個健康的兒子，以及忙於研究和教學的夢境裡。雖然那使人愉快，但仍是一場夢。段知道，即使是美麗的夢也會隨後湧現噩夢，比如他剛剛經歷過的噩夢。

段本能地收起心，坐直身體，開始緩慢和深沉地呼吸。然後，有關生死的念頭生了起來。段知道，人類是從單細胞生物進化而來，想到生命從一隻小小的變形蟲延續到現在的自己，他露出了笑容。「進化是生和死，但也是不生不死。變形蟲從來沒有死過，我也沒有。我是在什麼時候出生？難道我不是在第一隻變形蟲出現之前就已經存在了嗎？我從一開始就沒有死過，現在怎麼會死呢？」有一次，晉對他說，「生與死就像你看到的星星」，但段當時不明白是何意。

現在，他想起了法國化學家拉瓦錫曾經說過，沒有東西被創造，也沒有東西被毀滅。段認為旨在描述無機物質和能量的拉瓦錫定律，也可以應用於有機物質領域。一切有生命的眾生，也是超越生死的。段和韶的生命都將延續不絕，因為他們超越了毀滅。雖然一滴水可能化為雲雨和米粒，但生命之河流淌不息。沒有東西被創造，也沒有東西被毀滅。「任何東西都無生也無死。」段心想，科學和佛教的語言竟然如此相似，真是不可思議。

段想起了一位哲學家的話：「我接受空間對生命的限制，為什麼不能接受時間的限制？到了二〇〇〇年，我們當中只有一些人還會活著，而到了三〇〇〇年，我們都不會活著。」段認為，這種思維方式過於呆板並簡化。

他知道所有現象都是相互依存，萬物都是整個宇宙的一部分，正因為我們存在，其他的現象和宇宙才存在。「活著就意味著與整個宇宙一起生活。」段想著，「誰能說我拍手的聲音，不會微弱地擾亂整個仙女座？誰能說我呼吸時，進入肺部的空氣未含有公元前一世紀前凱撒大帝呼吸過的空氣？

「存在意味著生活在時間體中，沒有開始也沒有結束。如果沒有過去，就沒有現在和未來。如果沒有未來，就沒有現在和過去。生與死是世俗說法，但它遮蔽了不生不滅的完整實相。」

一年多來，段和晉持續就諸如此類話題進行對話，但段現在突然領悟到它們的重要。晉曾經說過，「我們都受制於自身的感知。正是我們的感知，將實相分為生與死、同與異、恆常與無常、過去與現在。」

晉曾開玩笑地告訴段，他的基本粒子世界是一個幽靈世界。段現在了悟，正是藉由那個「幽靈世界」，他才看透了世俗的虛幻本質，並明白通過感官感知到的事物本身就是幻覺。

過去五十年的物理學發現清楚地指出，事物並非如表面上看起來的那樣。段和同事們都同意這一點，但近二十年來，科學家仍持續辯論有關「波和／或粒子」等問題。雖然幾乎沒有人會想像用視覺概念來描述次原子世界，但諸如「粒子」和「波」等矛盾的概念仍然存在。科學家的感知被困在二元論的視野中，即從對立的角度來觀察實相。對於本質似乎相互矛盾的現象——例如物質與能量、慣性與引力、時間與空間、空間與物質、波與粒子——那樣的見解已經被打破，但對於物質與精神、主體與客體等現象，仍未被打破。目前反對二元論觀點的論據還不夠強大，或清楚到足以徹底擊潰它。否則，科學家怎麼能在承認時空非二元性的情況下，繼續尋找宇宙的原初起點和極限呢？大爆炸理論認為宇宙持續膨脹、或具有可定義的極限，似乎否定了經常被提到的時空非二元性的信解。

最近，段聽到一位著名科學家推測黑洞和次原子物質內部的時間。有關時間和空間的討論似乎假定，兩者可以與主觀感知分離，進行客觀的體驗。相對論告訴我們，物質和空間具有相同的性質，時間不獨立於空間之外而存在。因此，所有三種現象——時間、空間和物質，皆具有相同的性質，不存在於感知之外。

一些科學家表示，「我們永遠無法了解次原子體本身，只能通過自己的感知來觀察它們。任何對無窮小的觀察，結果都只會扭曲或改變被觀察的對象，而客觀實相仍然遙不可及。」段了悟到，科學觀察是建立在二元性之上，觀察對象被認為獨立於觀察主體之外。

晉告訴他，在佛教中，體悟勝過「觀察」。當你「體悟」實相時，主體與客體之間的區別就消失了。段心想，這就是現代科學最大的絆腳石。有別於認為數學語言可以解決這個問題的科學家們，段認為數學是一種抽象語言，由人腦產生，用於表達人類的感知，而非世界本身。段思索著，無論人類有多進步，我們最終看到的仍只是自己。

他想，要是晉在這裡就好了，晉可以提供對「無分別智」的體悟，那是佛教用非二元性看待實相的方法。段想知道，當一個人達到那種狀態時會使用什麼樣的語言，顯然不會將現實分為主體與客體。從某種意義上說，它可能是深奧的語言，因為任何以二元論方式思考的人，都會發現很難理解無分別心的語言。也許愛因斯坦提出的「時空連續體」和「四維空間」等概念，或者核物理學家提出的物理實相既是波又是粒子的概念，都可以用來破除舊有的二元論概念。

然而，晉也告訴他，在佛教中，破除二元論的結果並非一元論。實相是即一即異。佛陀不會說是或不是。段準備全心全意接受晉的解釋，真理必定就在中道。

段回憶起晉對破除二元論概念提出的一些建議：「佛法用『相即』和『無我』等觀念來打破劃分現實的界限。」段心想，「德國物理學家海森堡的『不確定性原理』不也是一個工具，可以幫助我們擺脫使用確定性陳述來描述現實的習慣嗎？正如佛法創造自己的語言來幫助我們超越二元論，科學也須創造新的語言來表達對現實的全新理解。」

段緩緩站起來，從窗戶望出去，看到明亮的陽光照耀在花園裡，數十隻鳥兒在樹葉間飛翔。他渴望到外面去，站在強壯健康的樹木中。昨晚的擔心和焦慮還在，但他感到平靜和精神飽滿。想到雪以及她經歷的一天一夜艱熬，段的心充滿了柔情。想到在這場可怕的風暴中，自己就像一根隨時可能折斷的蘆葦般虛弱，讓段感到不寒而慄。他知道，如果韶沒有打贏生命之戰，失去他的痛苦將非常難受。可是，段獲得了新的力量和韌性，有助於他對抗生活中的不幸，並且在以後給予雪需要的支持。如同雪和晉，他也擁有深邃的內在資源。

段來到了花園，午後的空氣瀰漫著牡丹花的百合花香。段意識到多年來自己一直沉浸在中子、介子和電子的世界裡，以至於很少有時間牽著兒子的手，和他一起散步。現在，在深入了解次原子物理世界後，他能夠真正融入這個可愛和涼爽的花園。

段朝著栗樹走去。門鈴響起來，晉站在大門口。段沿著碎石路緩慢地走著，非常緩慢，走向他的大舅子。

晉盯著段看，以前從未見過段如此安詳和莊嚴地走那條路。晉喃喃自語，「段肯定發生了奇妙的事！」那一刻，晉忘記自己也在夜裡取得了驚人的突破。

兩個人深深地看著對方，看到了整個宇宙和永恆，那一眼也表達了他們對一名躺在附近醫院並瀕臨死亡邊緣的八歲男孩的愛和感激。韶射出了一箭，同時射中兩個目標。

## 故事背景介紹

這也是一篇有關流亡生活的故事，一個進入「相即」（interbeing）覺知的旅程，相即乃是認識到生命的互相連結性，能讓人治癒分離的痛苦。你不需要成為一名僧侶，才能獲得啟發。你只需要深入觀察每天所做的事情，證悟就會到來，無論你是畫家或科學家，都是如此。本文由 Vo-Dinh Mai 翻譯成英文。

# 梅村簡介

法國 梅村
**Plum Village**
13 Martineau, 33580 Dieulivol, France
Tel: (33) 5 56 61 66 88
www.plumvillage.org

法國巴黎以東 療泉寺
**Healing Spring Monastery**
2 Rue Pascal Jardin, 77510, Verdelot, France
Tel: (33) 974 90 23 81
www.healingspringmonastery.org

香港 亞洲應用佛學院
**Asian Institute of Applied Buddhism**
Lotus Pond Temple, Ngong Ping, Lantau Island, Hong Kong
Tel: (852) 2985 5281
www.pvfhk.org

德國 歐洲應用佛學院
**European Institute of Applied Buddhism**
Schaumburgweg 3, D-51545 Waldbröl, Germany
Tel: +49 (0) 2291 907 1373
www.eiab.eu

泰國 梅村國際修習中心
**Thai Plum Village International Practice Center**
Pong Ta Long 30130, Pak Chong District, Nakhon Ratchasima, Thailand.
Tel: (66) 091-536-5696
www.thaiplumvillage.org

美國紐約 碧岩寺 **Blue Cliff Monastery**
3 Mindfulness Road, Pine Bush, NY 12566, USA
Tel: (1) 845-213-1785
www.bluecliffmonastery.org

美國加州 鹿苑寺 **Deer Park Monastery**
2499 Melru Lane Escondido, CA 92026, USA
Tel: (1) 760 291-1003
www.deerparkmonastery.org

美國密西西比州 木蘭寺 **Magnolia Grove Monastery**
123 Towles Road Batesville, MS, USA
Tel: (1) 662-267-6437
www.magnoliagrovemonastery.org

澳洲 預流禪修中心
**Nhap Luu - Stream Entering Monastery**
530 Porcupine Ridge Road, Porcupine Ridge, VIC 3461, Australia
Tel: (61) 0402 924 800
www.nhapluu.org

梅村傳承的九所寺院和正念修習中心分別位於法國、德國、美國、澳洲、泰國及香港，詳細資料見於梅村中文網站。

梅村中文網站：https://plumvillage.org/zh-hant/
梅村中文 Facebook：https://www.facebook.com/PlumVillageCH/
梅村中文開示視頻及修習引導：YouTube 法國梅村——一行禪師傳承

## 橡樹林文化 ❖❖ 一行禪師 ❖❖ 書目

| | | | |
|---|---|---|---|
| JB0006X | 初戀三摩地 | 一行禪師◎著 | 280 元 |
| JB0011 | 你可以不怕死 | 一行禪師◎著 | 250 元 |
| JB0014Y | 觀照的奇蹟 | 一行禪師◎著 | 300 元 |
| JB0027 | 見佛殺佛：一行禪師的禪法心要 | 一行禪師◎著 | 220 元 |
| JB0037X | 一行禪師　活在正念的愛裡：從慈悲喜捨的練習中，學會愛自己也愛他人 | 一行禪師◎著 | 300 元 |
| JB0042X | 祈禱的力量 | 一行禪師◎著 | 300 元 |
| JB0052 | 一心走路：步行在佛陀的淨土中 | 一行禪師◎著 | 280 元 |
| JB0064 | 生命真正的力量 | 一行禪師◎著 | 280 元 |
| JB0069 | 接觸大地：與佛陀的親密對話 | 一行禪師◎著 | 220 元 |
| JB0092 | 回到家，我看見真心：讓家成為修行的空間 | 一行禪師◎著 | 220 元 |
| JB0093 | 愛對了：用正念滋養的親密關係，最長久 | 一行禪師◎著 | 260 元 |
| JB0103 | 一行禪師講《金剛經》 | 一行禪師◎著 | 320 元 |
| JB0104 | 一行禪師談生命真正的快樂：金錢與權力能帶給你什麼？ | 一行禪師◎著 | 300 元 |
| JB0105 | 一行禪師談正念工作的奇蹟：在工作裡找到成功＋快樂的模式 | 一行禪師◎著 | 280 元 |
| JB0116 | 一行禪師講《阿彌陀經》 | 一行禪師◎著 | 260 元 |
| JB0122X | 正念的奇蹟（二十周年紀念版） | 一行禪師◎著 | 300 元 |
| JB0123 | 一行禪師　心如一畝田：唯識 50 頌 | 一行禪師◎著 | 360 元 |
| JB0124X | 一行禪師　你可以不生氣：佛陀的最佳情緒處方 | 一行禪師◎著 | 320 元 |
| JB0149 | 一行禪師講《心經》 | 一行禪師◎著 | 320 元 |
| JB0149S | 一行禪師講金剛經 & 阿彌陀經 & 心經（套書） | 一行禪師◎著 | 880 元 |
| JB0151 | 我真正的家，就在當下——一行禪師的生命故事與教導 | 一行禪師◎著 | 360 元 |
| JB0154 | 一行禪師講《入出息念經》：一呼一吸間，回到當下的自己 | 一行禪師◎著 | 350 元 |
| JB0158 | 一行禪師　佛雨灑下——禪修《八大人覺經》《吉祥經》《蛇喻經》《中道因緣經》 | 一行禪師◎著 | 380 元 |
| JP0146X | 一行禪師　與孩子一起做的正念練習：灌溉生命的智慧種子（隨書附贈練習音樂 CD） | 一行禪師 梅村社群◎著 | 470 元 |

# 橡樹林文化 ❖❖ 眾生系列 ❖❖ 書目

| | | | |
|---|---|---|---|
| JP0140 | 我走過一趟地獄 | 山姆・博秋茲◎著<br>貝瑪・南卓・泰耶◎繪 | 699 元 |
| JP0141 | 寇斯的修行故事 | 莉迪・布格◎著 | 300 元 |
| JP0142X | 全然接受這樣的我：<br>18 個放下憂慮的禪修練習 | 塔拉・布萊克◎著 | 400 元 |
| JP0143 | 如果用心去愛，必然經歷悲傷 | 喬安・凱恰托蕊◎著 | 380 元 |
| JP0144 | 媽媽的公主病：<br>活在母親陰影中的女兒，如何走出自我？ | 凱莉爾・麥克布萊德博士◎著 | 380 元 |
| JP0145 | 創作，是心靈療癒的旅程 | 茱莉亞・卡麥隆◎著 | 380 元 |
| JP0146X | 一行禪師　與孩子一起做的正念練習：<br>灌溉生命的智慧種子 | 一行禪師◎著 | 470 元 |
| JP0147 | 達賴喇嘛的御醫，告訴你治病在心的<br>藏醫學智慧 | 益西・東登◎著 | 380 元 |
| JP0148 | 39 本戶口名簿：從「命運」到「運命」，<br>用生命彩筆畫出不凡人生 | 謝秀英◎著 | 320 元 |
| JP0149 | 禪心禪意 | 釋果峻◎著 | 300 元 |
| JP0150 | 當孩子長大卻不「成人」……接受孩子不<br>如期望的事實、放下身為父母的自責與內<br>疚，重拾自己的中老後人生！ | 珍・亞當斯博士◎著 | 380 元 |
| JP0151 | 不只小確幸，還要小確「善」！每天做一<br>點點好事，溫暖別人，更為自己帶來 365<br>天全年無休的好運！ | 奧莉・瓦巴◎著 | 460 元 |
| JP0154X | 祖先療癒：<br>連結先人的愛與智慧，解決個人、家庭的<br>生命困境，活出無數世代的美好富足！ | 丹尼爾・佛爾◎著 | 550 元 |
| JP0155 | 母愛的傷也有痊癒力量：說出台灣女兒們<br>的心裡話，讓母女關係可以有解！ | 南琦◎著 | 350 元 |
| JP0156 | 24 節氣　供花禮佛 | 齊云◎著 | 550 元 |
| JP0157 | 用瑜伽療癒創傷：<br>以身體的動靜，拯救無聲哭泣的心 | 大衛・艾默森<br>伊麗莎白・賀伯◎著 | 380 元 |
| JP0158 | 命案現場清潔師：跨越生與死的斷捨離，<br>清掃死亡最前線的真實記錄 | 盧拉拉◎著 | 330 元 |

| | | | |
|---|---|---|---|
| JP0159 | 我很瞎，我是小米酒：<br>台灣第一隻全盲狗醫生的勵志犬生 | 杜韻如◎著 | 350 元 |
| JP0160X | 日本神諭占卜卡：<br>來自眾神、精靈、生命與大地的訊息 | 大野百合子◎著 | 799 元 |
| JP0161 | 宇宙靈訊之神展開 | 王育惠、張景雯◎著繪 | 380 元 |
| JP0162 | 哈佛醫學專家的老年慢療八階段：用三十年照顧老大人的經驗告訴你，如何以個人化的照護與支持，陪伴父母長者的晚年旅程。 | 丹尼斯．麥卡洛◎著 | 450 元 |
| JP0163 | 入流亡所：聽一聽．悟、修、證《楞嚴經》 | 頂峰無無禪師◎著 | 350 元 |
| JP0165 | 海奧華預言：第九級星球的九日旅程．<br>奇幻不思議的真實見聞 | 米歇．戴斯馬克特◎著 | 400 元 |
| JP0166 | 希塔療癒：世界最強的能量療法 | 維安娜．斯蒂博◎著 | 620 元 |
| JP0167 | 亞尼克　味蕾的幸福：<br>從切片蛋糕到生乳捲的二十年品牌之路 | 吳宗恩◎著 | 380 元 |
| JP0168 | 老鷹的羽毛——一個文化人類學者的靈性之旅 | 許麗玲◎著 | 380 元 |
| JP0169 | 光之手 2：光之顯現——<br>個人療癒之旅．來自人體能量場的核心訊息 | 芭芭拉．安．布藍能◎著 | 1200 元 |
| JP0170 | 渴望的力量：成功者的致富金鑰．<br>《思考致富》特別金賺祕訣 | 拿破崙．希爾◎著 | 350 元 |
| JP0172 | 瑜伽中的能量精微體：<br>結合古老智慧與人體解剖、深度探索全身的奧秘潛能，喚醒靈性純粹光芒！ | 提亞斯．里托◎著 | 560 元 |
| JP0173 | 咫尺到淨土：<br>狂智喇嘛督修．林巴尋訪秘境的真實故事 | 湯瑪士．K．修爾◎著 | 540 元 |
| JP0174 | 請問財富．無極瑤池金母親傳財富心法：<br>為你解開貧窮困頓、喚醒靈魂的富足意識！ | 宇色 Osel ◎著 | 480 元 |
| JP0175 | 歡迎光臨解憂咖啡店：大人系口味．<br>三分鐘就讓您感到幸福的真實故事 | 西澤泰生◎著 | 320 元 |
| JP0176 | 內壇見聞：天官武財神扶鸞濟世實錄 | 林安樂◎著 | 400 元 |
| JP0177 | 進階希塔療癒：<br>加速連結萬有，徹底改變你的生命！ | 維安娜．斯蒂博◎著 | 620 元 |
| JP0178 | 濟公禪緣：值得追尋的人生價值 | 靜觀◎著 | 300 元 |
| JP0179 | 業力神諭占卜卡——<br>遇見你自己．透過占星指引未來！ | 蒙特．法柏<br>（MONTE FARBER）◎著 | 990 元 |
| JP0180 | 光之手 3：核心光療癒——<br>我的個人旅程．創造渴望生活的高階療癒觀 | 芭芭拉．安．布藍能◎著 | 799 元 |

| | | | |
|---|---|---|---|
| JP0181 | 105 歲針灸大師治癒百病的祕密 | 金南洙◎著 | 450 元 |
| JP0182 | 透過花精療癒生命：巴哈花精的情緒鍊金術 | 柳婷◎著 | 400 元 |
| JP0183 | 巴哈花精情緒指引卡：<br>花仙子帶來的 38 封信——個別指引與練習 | 柳婷◎著 | 799 元 |
| JP0184X | 醫經心悟記——中醫是這樣看病的 | 曾培傑、陳創濤◎著 | 480 元 |
| JP0185 | 樹木教我的人生課：遇到困難時，<br>我總是在不知不覺間，向樹木尋找答案⋯⋯ | 禹鐘榮◎著 | 450 元 |
| JP0186 | 療癒人與動物的直傳靈氣 | 朱瑞欣◎著 | 400 元 |
| JP0187 | 愛的光源療癒——<br>修復轉世傷痛的水晶缽冥想法 | 内山美樹子<br>（MIKIKO UCHIYAMA）◎著 | 450 元 |
| JP0188 | 我們都是星族人 0 | 王謹菱◎著 | 350 元 |
| JP0189 | 希塔療癒——信念挖掘：<br>重新連接潛意識　療癒你最深層的內在 | 維安娜・斯蒂博◎著 | 450 元 |
| JP0190 | 水晶寶石　光能療癒卡<br>（64 張水晶寶石卡＋指導手冊＋卡牌收藏袋） | AKASH 阿喀許<br>Rita Tseng 曾桂鈺 ◎著 | 1500 元 |
| JP0191 | 狗狗想要說什麼——超可愛！<br>汪星人肢體語言超圖解 | 程麗蓮（Lili Chin）◎著 | 400 元 |
| JP0192 | 瀕死的慰藉——結合醫療與宗教的臨終照護 | 玉置妙憂◎著 | 380 元 |
| JP0193 | 我們都是星族人 1 | 王謹菱◎著 | 450 元 |
| JP0194 | 出走，朝聖的最初 | 阿光（游湧志）◎著 | 450 元 |
| JP0195 | 我們都是星族人 2 | 王謹菱◎著 | 420 元 |
| JP0196 | 與海豚共舞的溫柔生產之旅——從劍橋博士到<br>孕產師，找回真實的自己，喚醒母體的力量 | 盧郁汶◎著 | 380 元 |
| JP0197 | 沒有媽媽的女兒——不曾消失的母愛 | 荷波・艾德蔓◎著 | 580 元 |
| JP0198 | 神奇的芬活——西方世界第一座靈性生態村 | 施如君◎著 | 400 元 |
| JP0199 | 女神歲月無痕——永遠對生命熱情、<br>保持感性與性感，並以靈性來增長智慧 | 克里斯蒂安・諾斯拉普醫生◎著 | 630 元 |
| JP0200 | 願來世當你的媽媽 | 禪明法師◎著 | 450 元 |
| JP0201 | 畫出你的生命之花：自我療癒的能量藝術 | 柳婷◎著 | 450 元 |
| JP0202 | 我覺得人生不適合我：歡迎光臨苦悶諮商<br>車，「瘋狂」精神科醫師派送幸福中！ | 林宰暎◎著 | 400 元 |
| JP0203 | 一名尋道者的開悟之旅 | 嗡斯瓦米◎著 | 500 元 |
| JP0204 | 就為了好吃？：一位餐廳老闆的真心告白，<br>揭開飲食業變成化工業的真相 | 林朗秋◎著 | 380 元 |

| | | | |
|---|---|---|---|
| JP0205 | 因為夢，我還活著：<br>讓夢境告訴你身體到底出了什麼問題！ | 賴瑞．伯克<br>凱瑟琳．奧基夫．卡納沃斯◎著 | 600 元 |
| JP0206 | 我是對的！為什麼我不快樂？：<br>終結煩煩惱惱的幸福密碼 | 江宏志◎著 | 380 元 |
| JP0207X | 龍神卡──開啓幸福與豐盛的大門<br>（38 張開運神諭卡＋指導手冊＋卡牌收藏袋） | 大杉日香理◎著 | 699 元 |
| JP0208 | 希塔療癒──<br>你與造物主：加深你與造物能量的連結 | 維安娜．斯蒂博◎著 | 400 元 |
| JP0209 | 禪修救了我的命：<br>身患惡疾、卻透過禪修痊癒的故事 | 帕雅仁波切<br>蘇菲亞．史崔－芮薇◎著 | 500 元 |
| JP0210 | 《心經》的療癒藝術：色與空的極致視覺體驗 | 葆拉．荒井◎著 | 1000 元 |
| JP0211 | 大地之歌──全世界最受歡迎的獸醫，充滿<br>歡笑與淚水的行醫故事【全新翻譯版本】 | 吉米．哈利◎著 | 680 元 |
| JP0212 | 全然慈悲這樣的我：透過「認出」「容許」<br>「觀察」「愛的滋養」四步驟練習，脫離自<br>我否定的各種內心戲 | 塔拉．布萊克◎著 | 550 元 |
| JP0213 | 徒手氣血修復運動──教你輕鬆練上焦，調和<br>肌肉與呼吸，修復運動傷害、遠離長新冠！ | 李筱娟◎著 | 550 元 |
| JP0214 | 靈魂出體之旅──<br>對「生命」根本真理的探索記錄 | 羅伯特．A．門羅◎著 | 600 元 |
| JP0215 | 人，為何而生？為何而活？人生的大哉問──<br>人為何而活？是你無法逃避的生命課題！ | 高森顯徹、明橋大二、<br>伊藤健太郎◎著 | 480 元 |
| JP0216 | 祖靈的女兒──排灣族女巫包惠玲<br>Mamauwan<br>的成巫之路，與守護部落的療癒力量 | 包惠玲 ( 嬷乇灣 Mamauwan)、<br>張菁芳◎著 | 460 元 |
| JP0217 | 雪洞：一位西方女性的悟道之旅 | 維琪．麥肯基◎著 | 480 元 |
| JP0218 | 在故事與故事間穿越──<br>追隨印加薩滿，踏上回家的路 | 阿光（游湧志）◎著 | 480 元 |
| JP0219 | 七界：希塔療癒技巧的核心思想 | 維安娜．斯蒂博◎著 | 550 元 |
| JP0220 | 魔幻森林姐妹情：芬蘭卡累利阿的永續生<br>活、智慧與覺醒 | 森山奈保美 (Naomi Moriyama)、<br>威廉．道爾 (William Doyle) ◎著 | 450 元 |
| JP0221 | 神聖塔羅：來自世界各地的神靈、民間傳說及<br>童話故事 (78 張精美塔羅牌 + 指導手冊 + 精裝硬殼收藏盒 ) | 吉吉谷 (Yoshi Yoshitani) ◎著 | 1200 元 |
| JP0222 | 往內看 | 揚．裴布洛 (Yung Pueblo) ◎著 | 350 元 |
| JP0223 | 清明與親密 | 揚．裴布洛 (Yung Pueblo) ◎著 | 360 元 |

眾生系列　JP0225
一行禪師 石童：愛與慈悲的十篇故事
THE STONE BOY AND OTHER STORIES

作　　者／一行禪師（Thich Nhat Hanh）
譯　　者／葉琦玲
責任編輯／陳芊卉
封面設計／周家瑤
內頁排版／菩薩蠻電腦科技有限公司
業　　務／顏宏紋
印　　刷／中原造像股份有限公司

發 行 人／何飛鵬
事業群總經理／謝至平
總 編 輯／張嘉芳
出　　版／橡樹林文化
台北市南港區昆陽街 16 號 4 樓
電話：886-2-2500-0888 #2738　傳真：886-2-2500-1951
發　　行／英屬蓋曼群島商家庭傳媒股份有限公司城邦分公司
台北市南港區昆陽街 16 號 8 樓
客服專線：02-25007718；02-25007719
24 小時傳真專線：02-25001990；02-25001991
服務時間：週一至週五上午 09:30-12:00；下午 13:30-17:00
劃撥帳號：19863813　戶名：書虫股份有限公司
讀者服務信箱：service@readingclub.com.tw
城邦網址：http://www.cite.com.tw
香港發行所／城邦（香港）出版集團有限公司
香港九龍土瓜灣土瓜灣道 86 號順聯工業大廈 6 樓 A 室
電話：852-25086231　傳真：852-25789337
電子信箱：hkcite@biznetvigator.com
馬新發行所／城邦（馬新）出版集團
Cite（M）Sdn. Bhd.（458372U）
41, Jalan Radin Anum, Bandar Baru Seri Petaling,
57000 Kuala Lumpur, Malaysia.
電話：+6(03)-90563833　傳真：+6(03)-90576622
電子信箱：services@cite.my

一版一刷／2024 年 8 月
ISBN／978-626-7449-18-9（紙本書）
ISBN／978-626-7449-16-5（EPUB）
定　　價／450元

城邦讀書花園
www.cite.com.tw



國家圖書館出版品預行編目（CIP）資料

一行禪師 石童：愛與慈悲的十篇故事 / 一行禪師 (Thich Nhat Hanh) 著 ; 葉琦玲 . -- 一版 . -- 臺北市 : 橡樹林文化出版 : 英屬蓋曼群島商家庭傳媒股份有限公司城邦分公司發行 ,2024.08
面；　公分 . -- ( 眾生系列 ; JP0225)
譯自 : The stone boy and other stories.
ISBN 978-626-7449-18-9( 平裝 )

224.515　　113007881

填寫本書線上回函